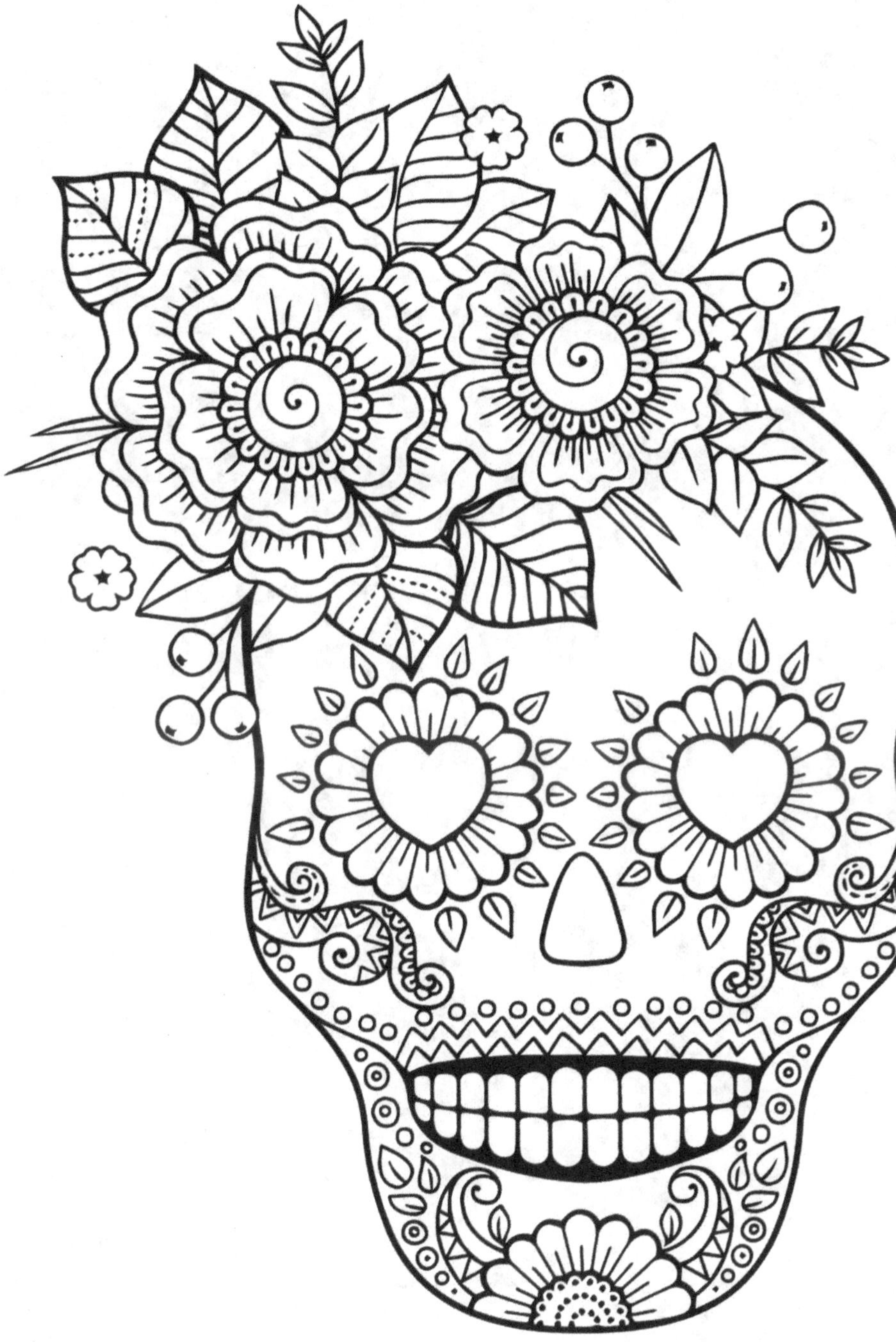

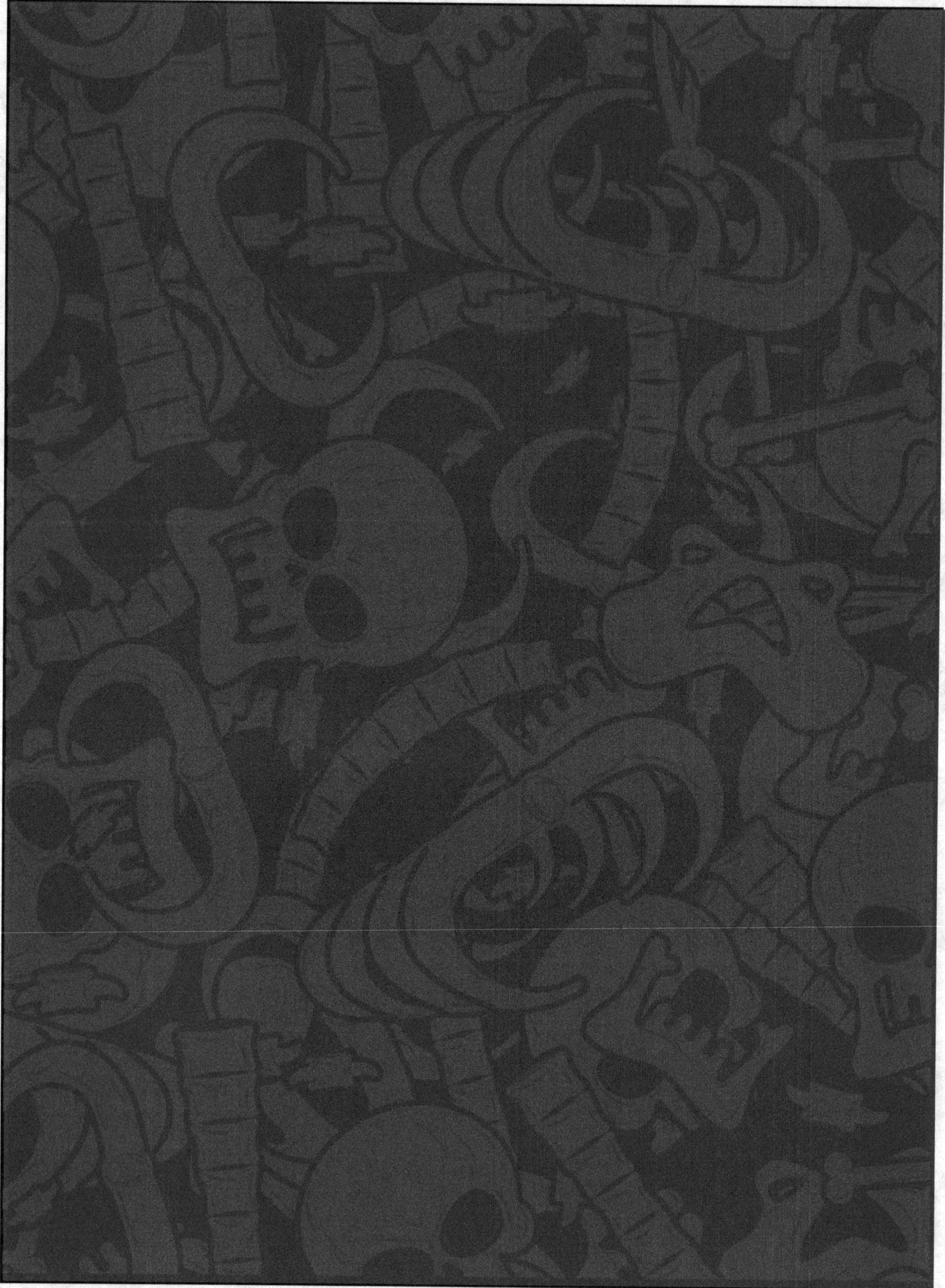

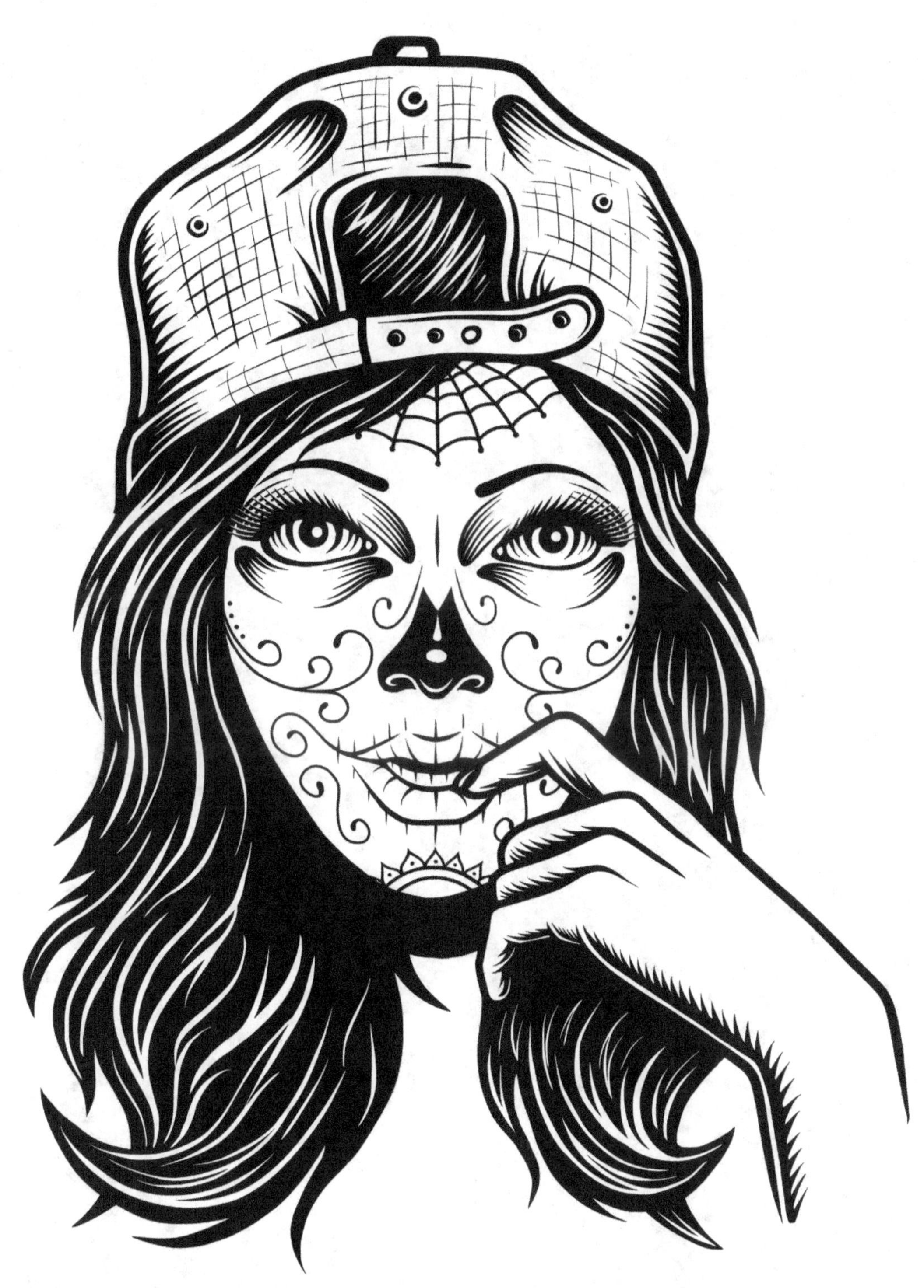

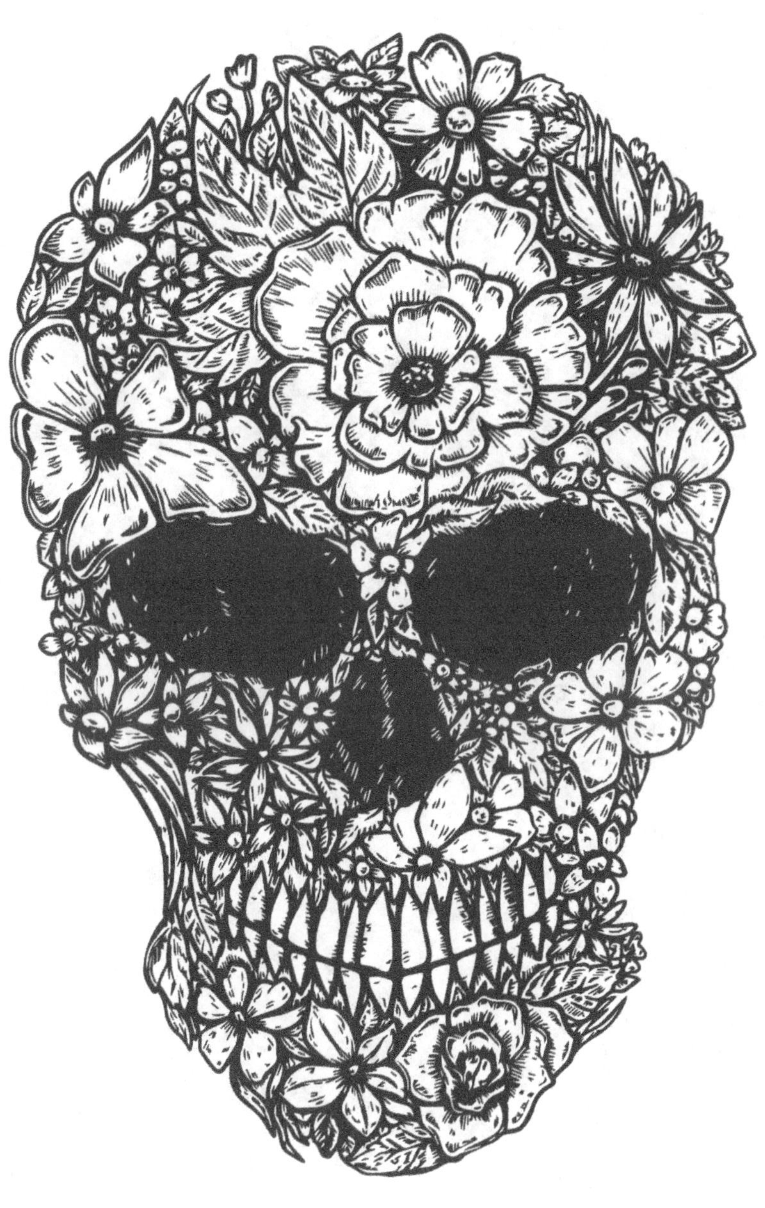

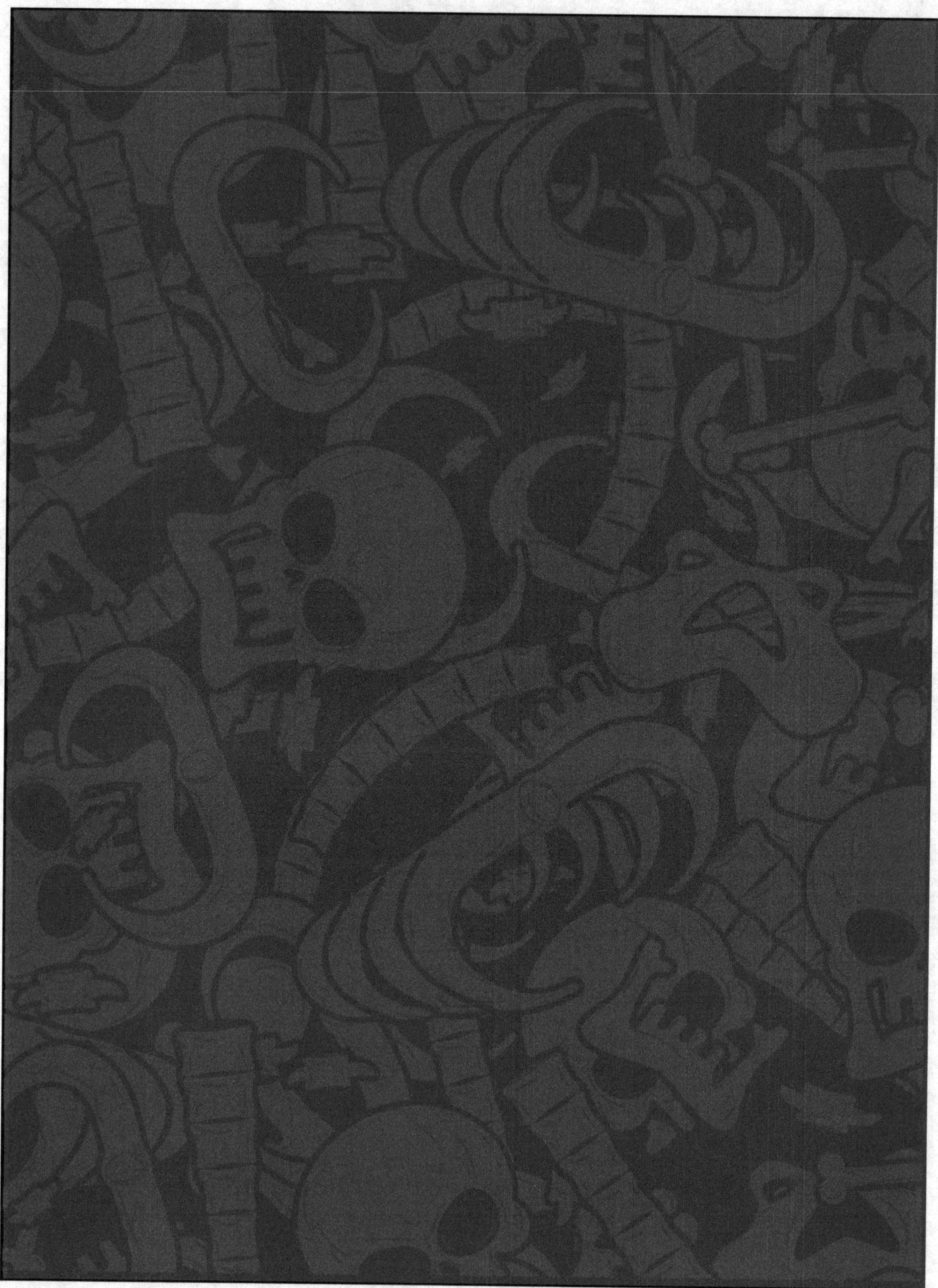

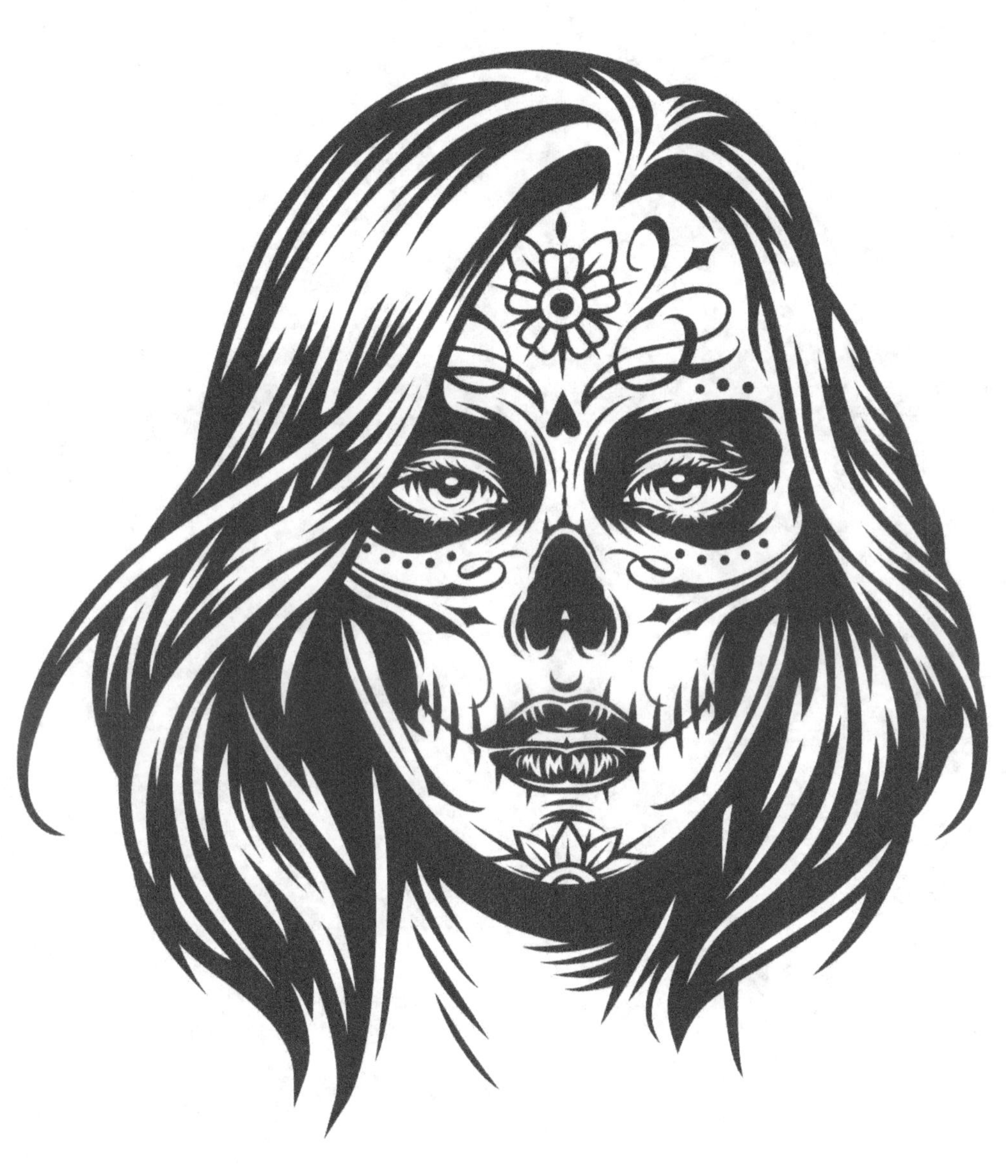

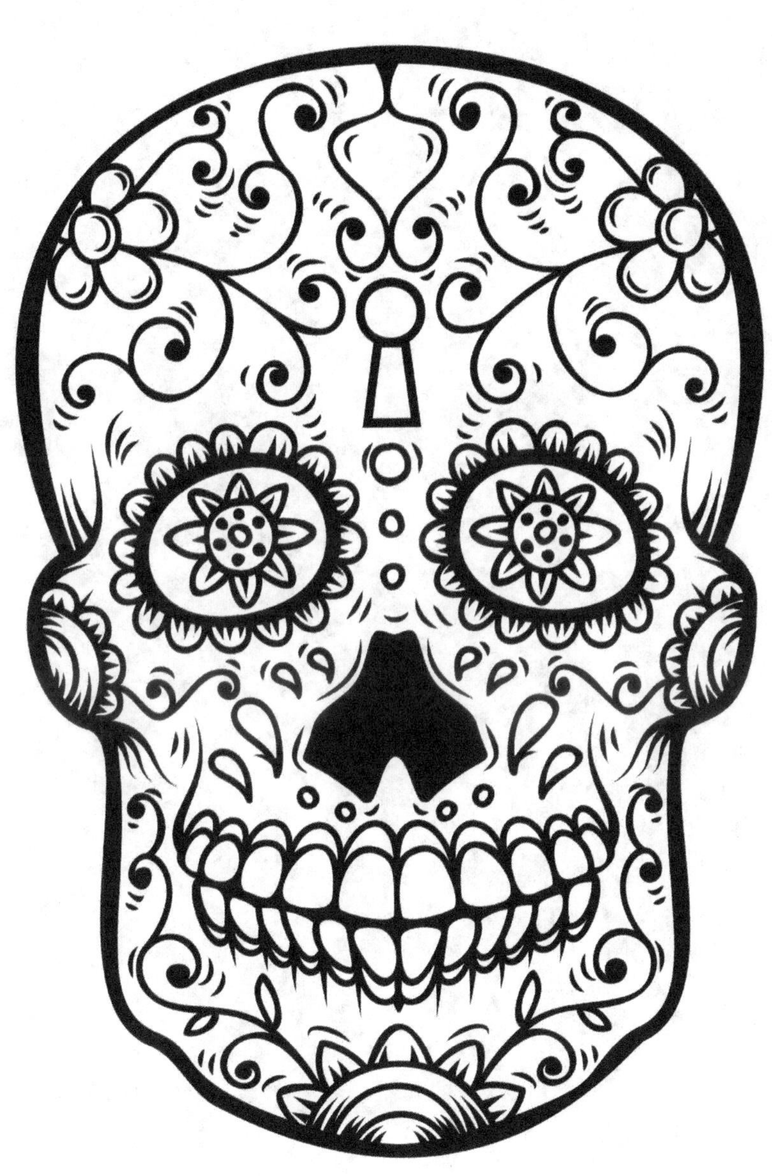

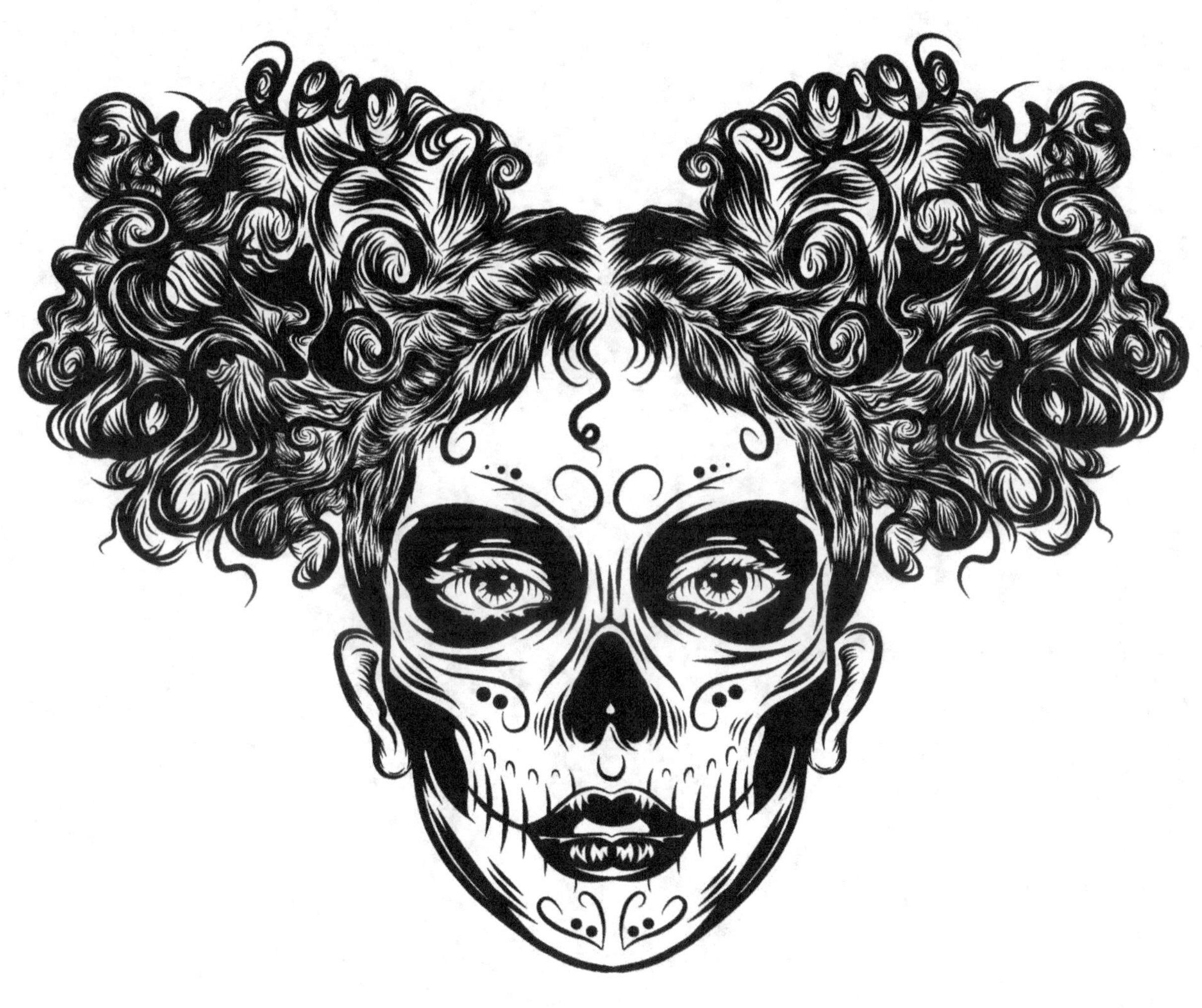

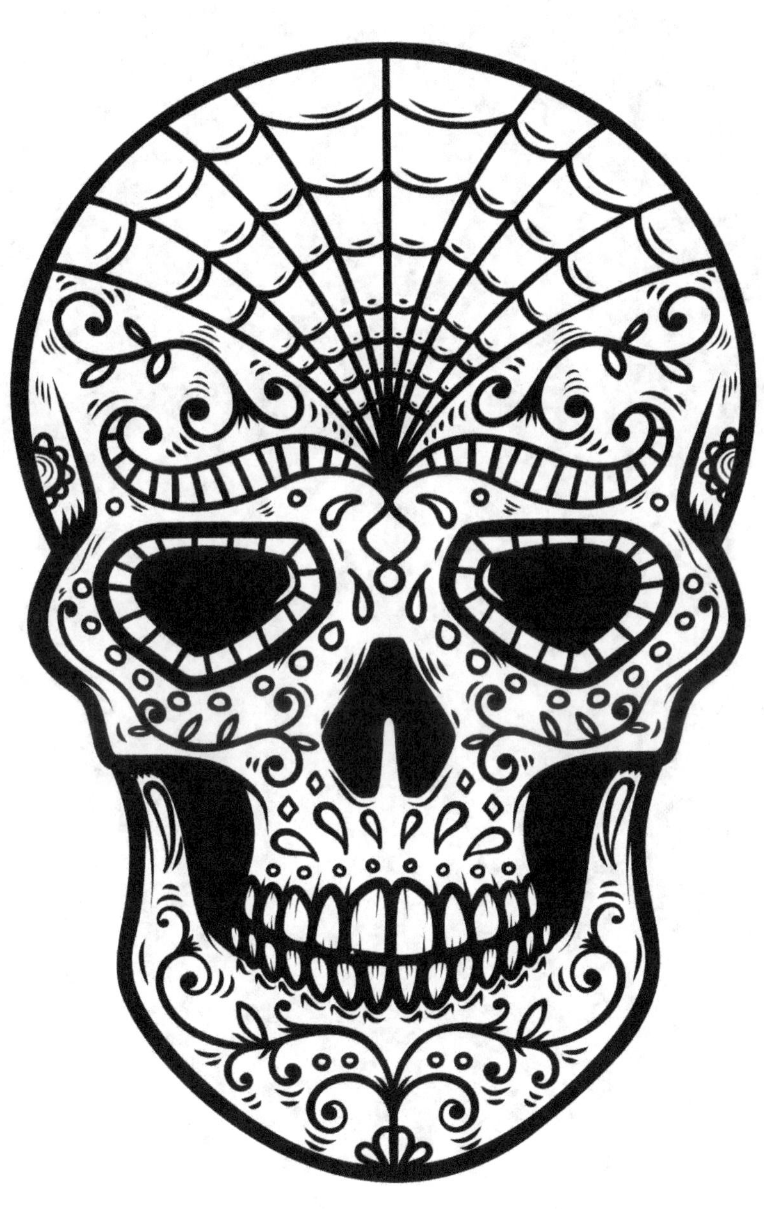

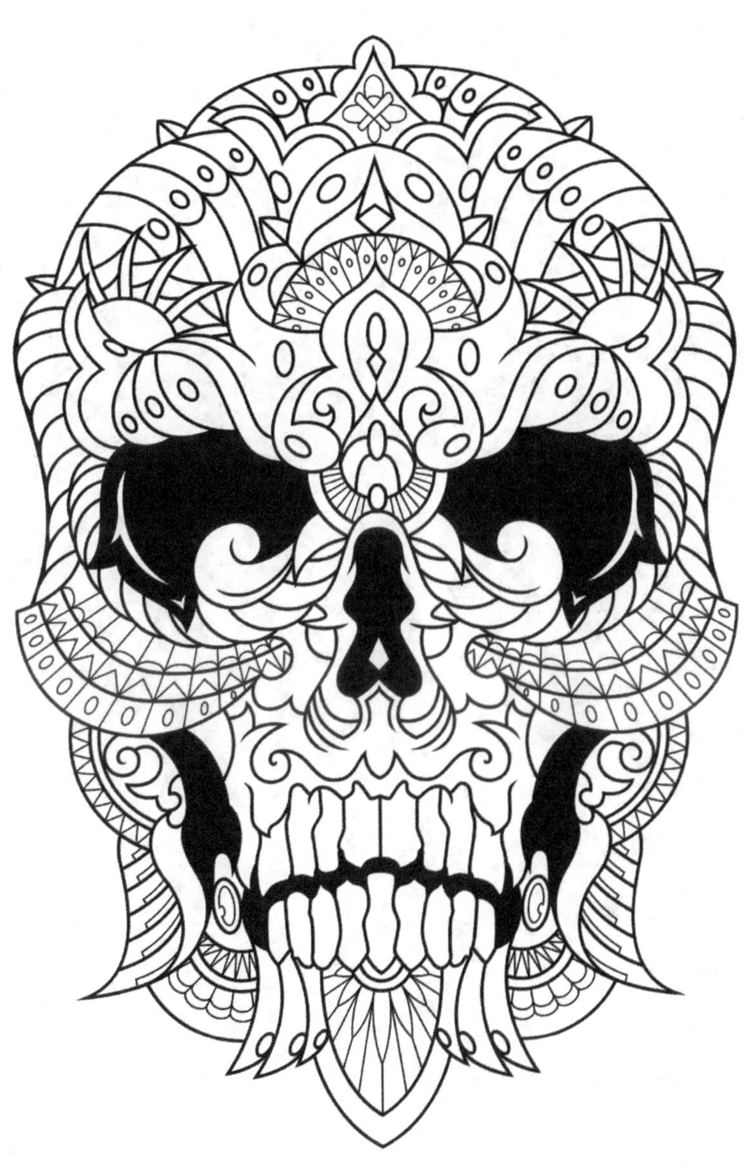

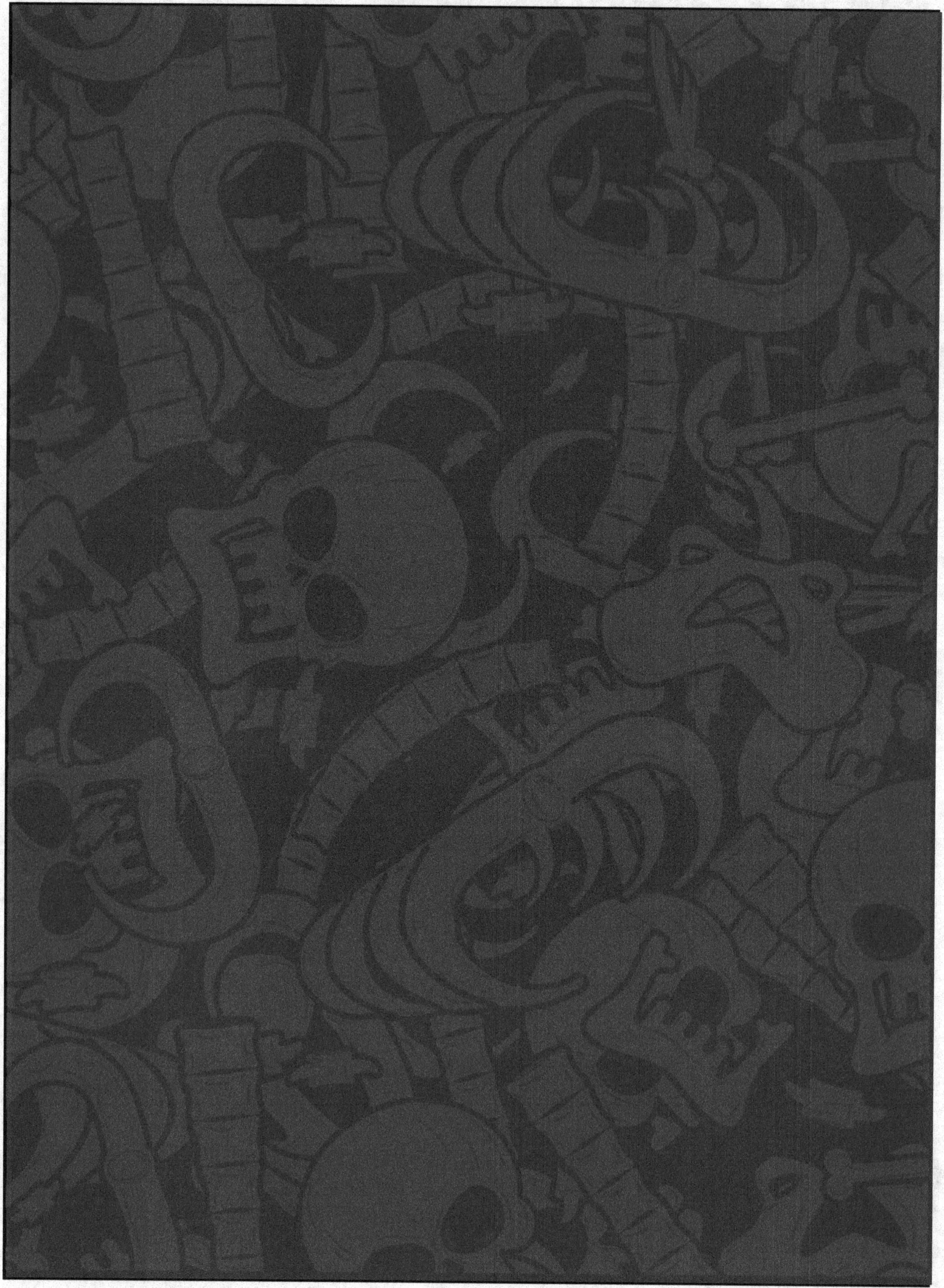

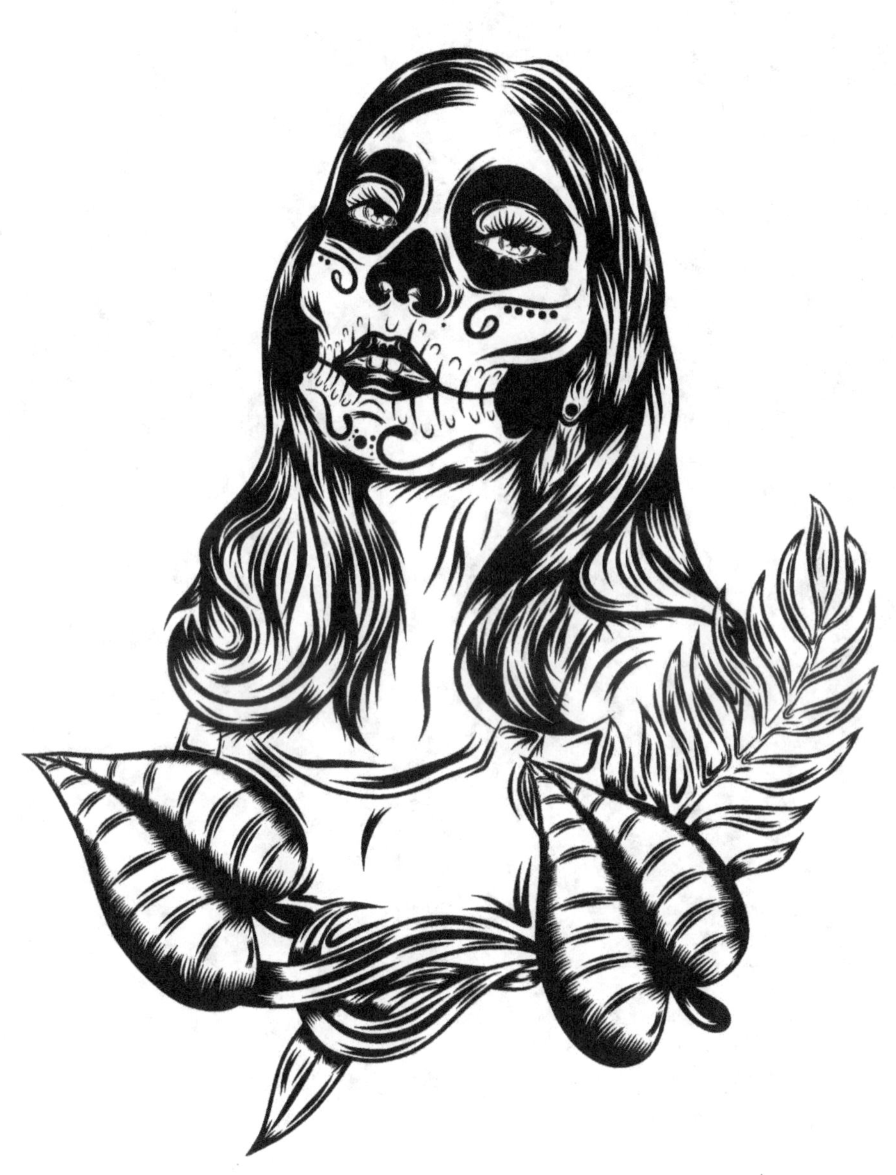

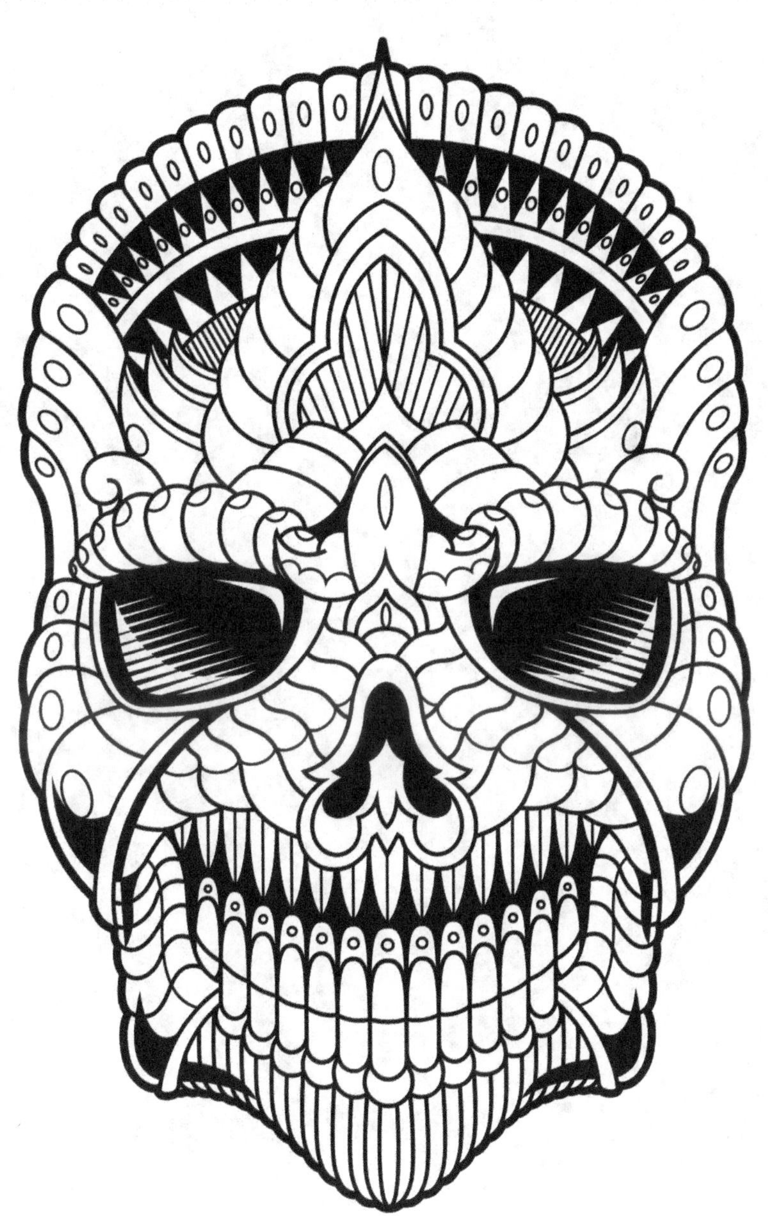

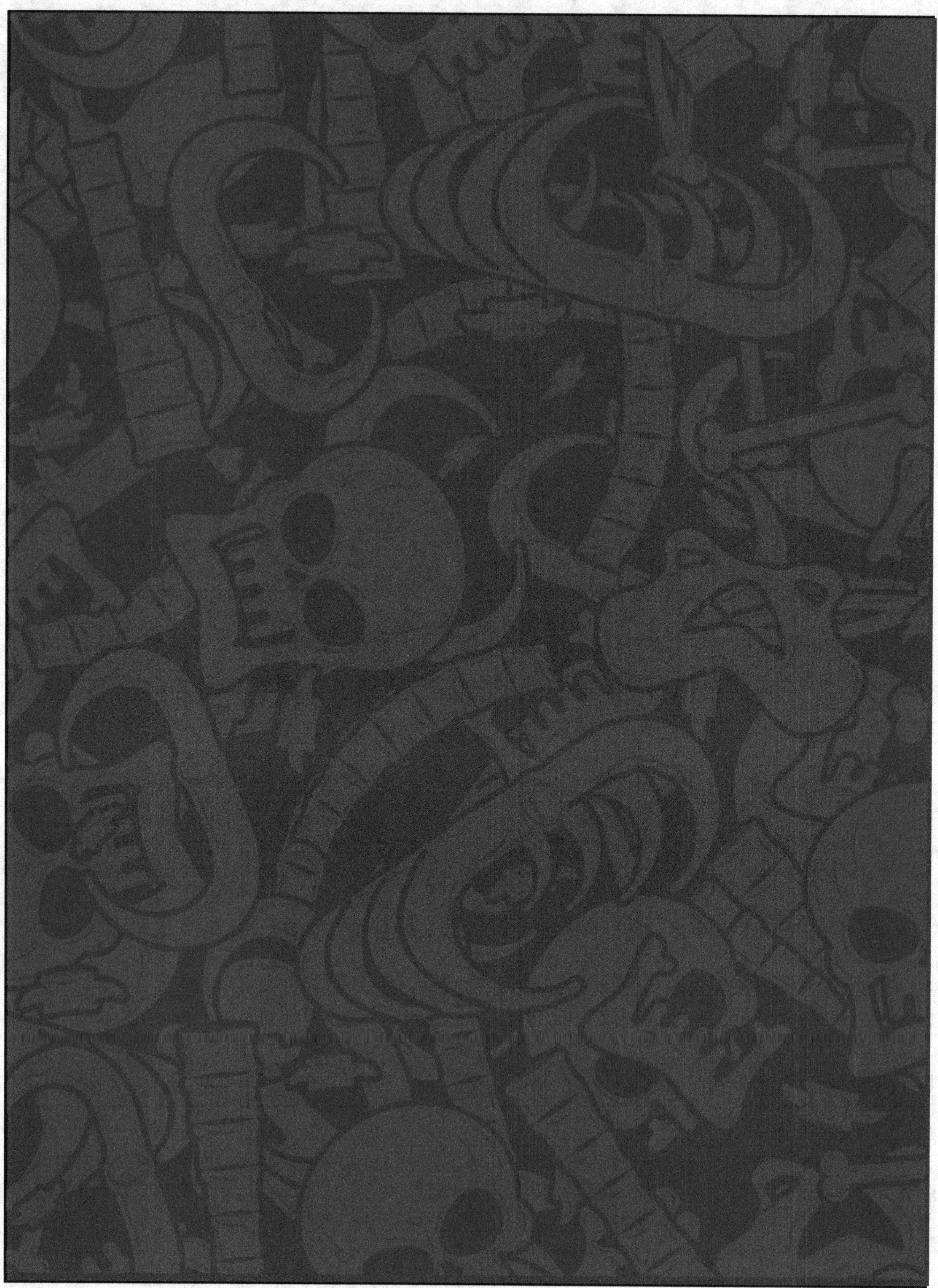

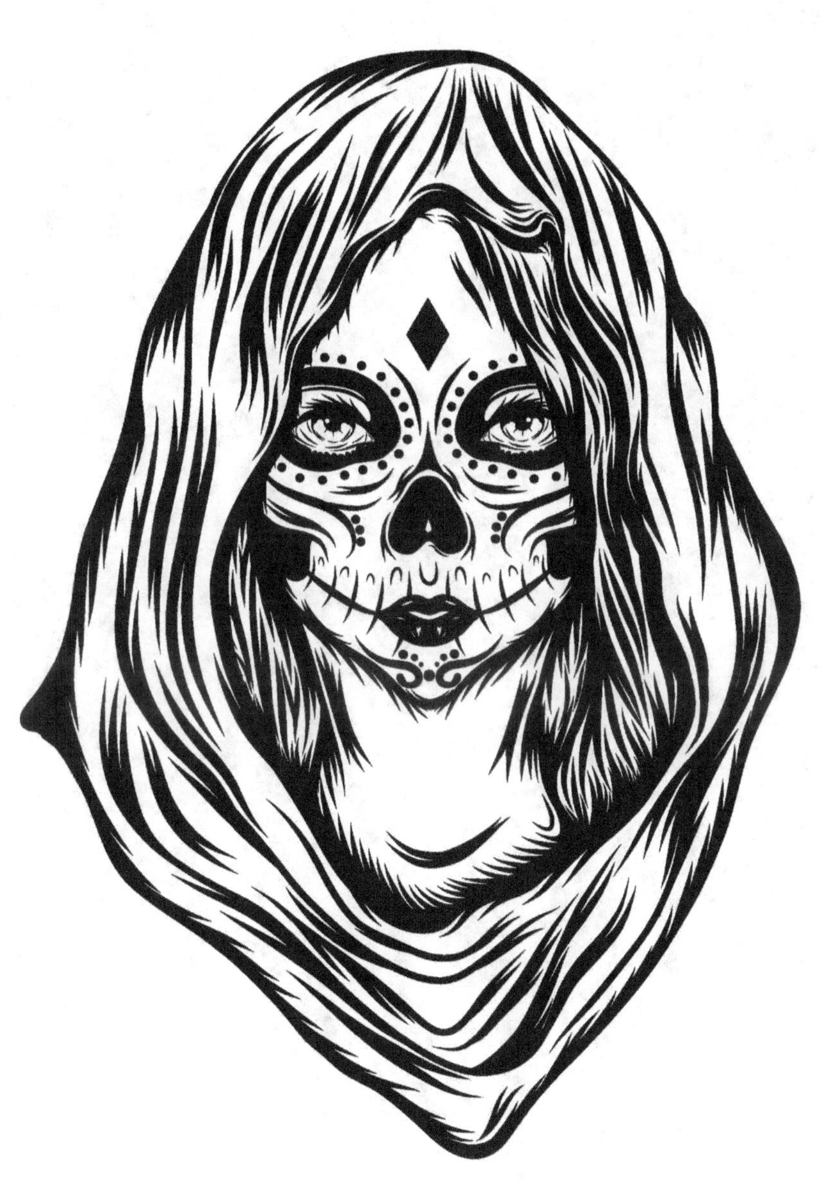

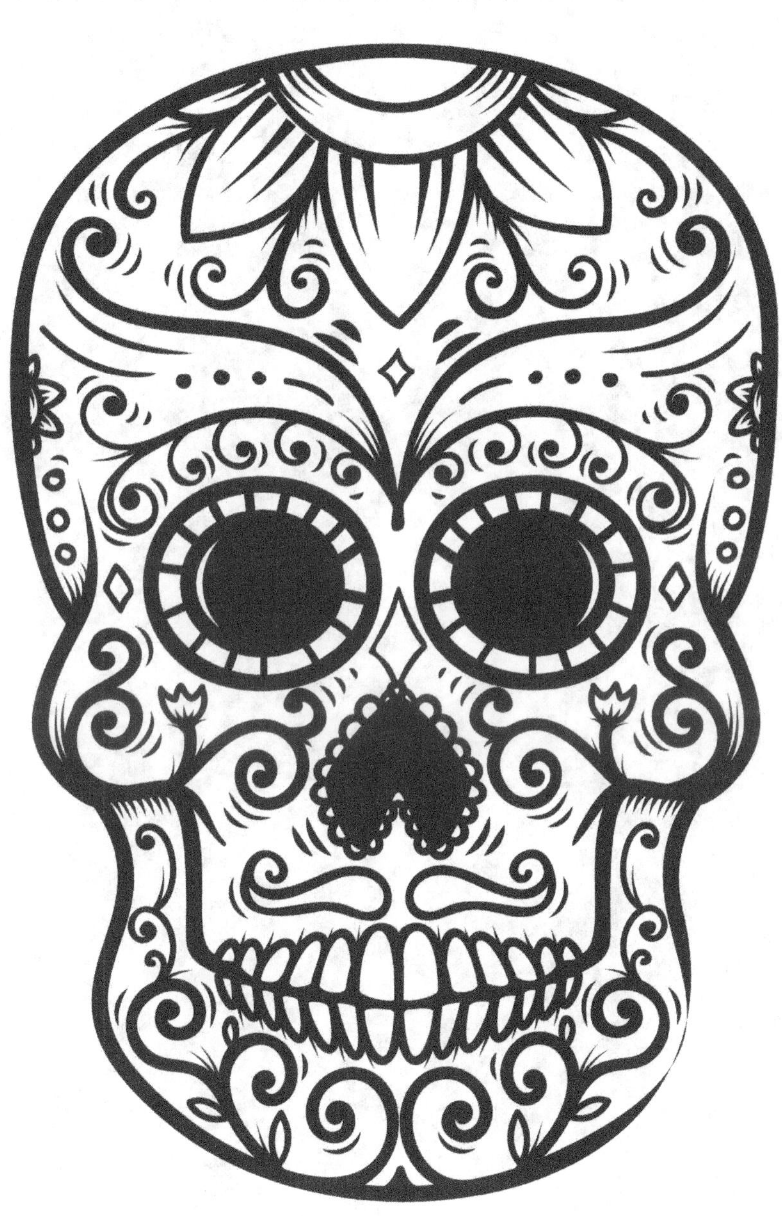

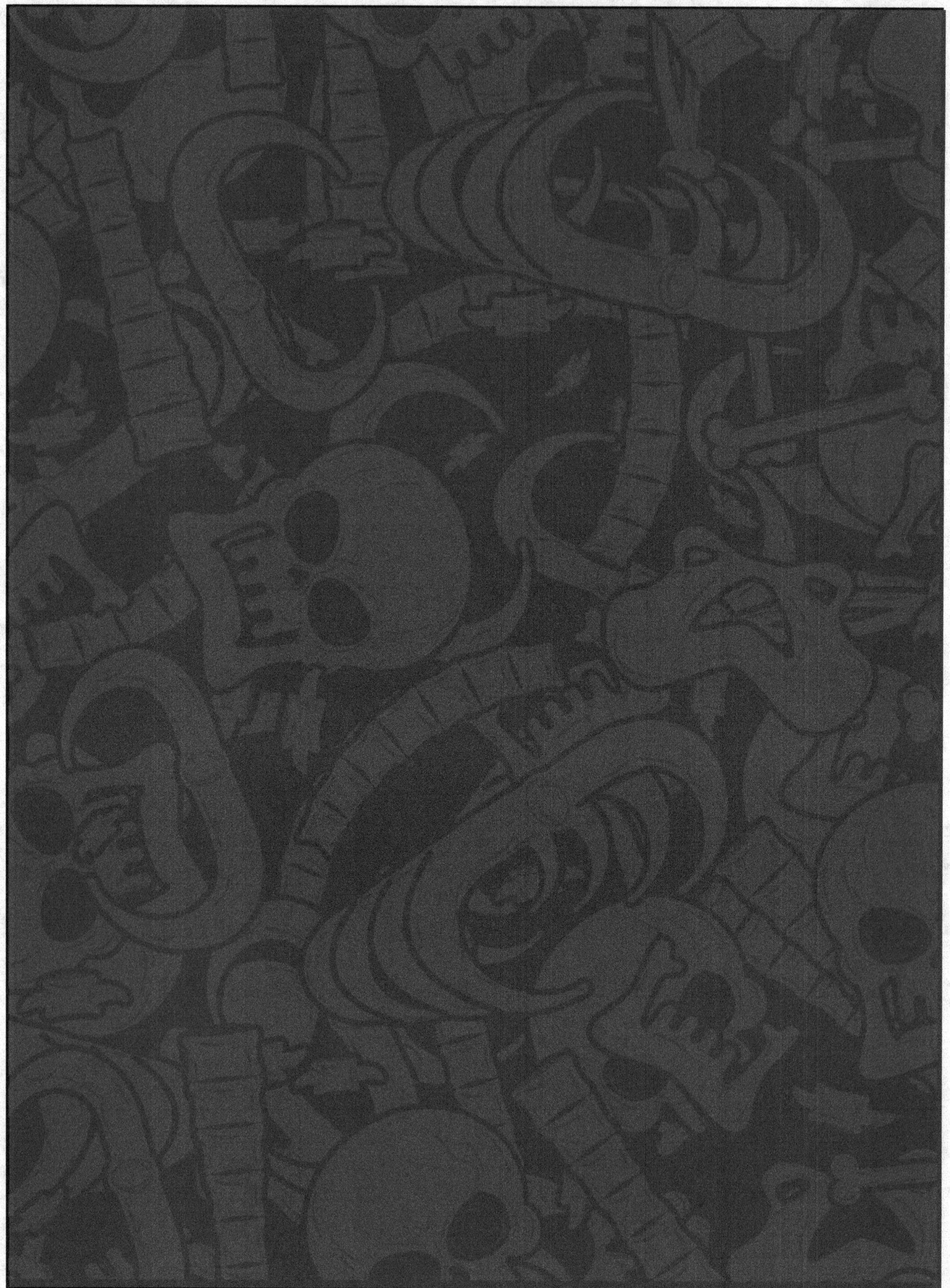

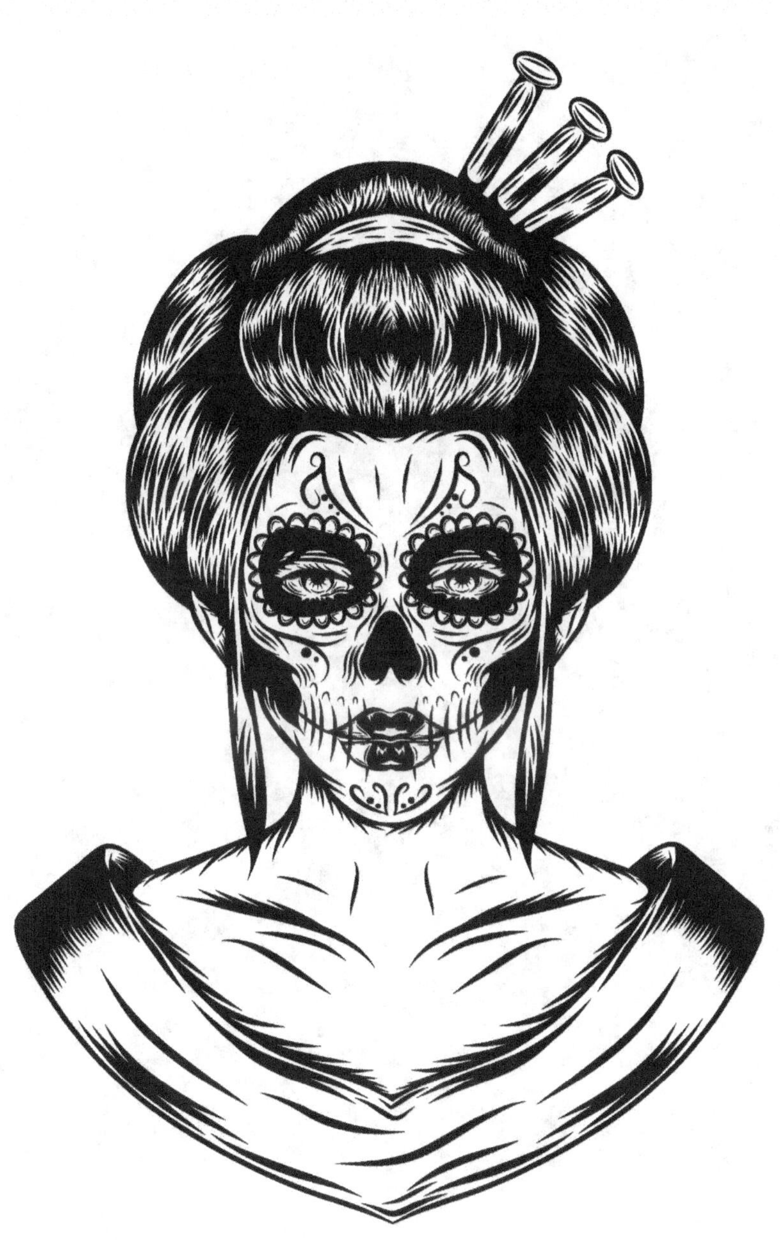

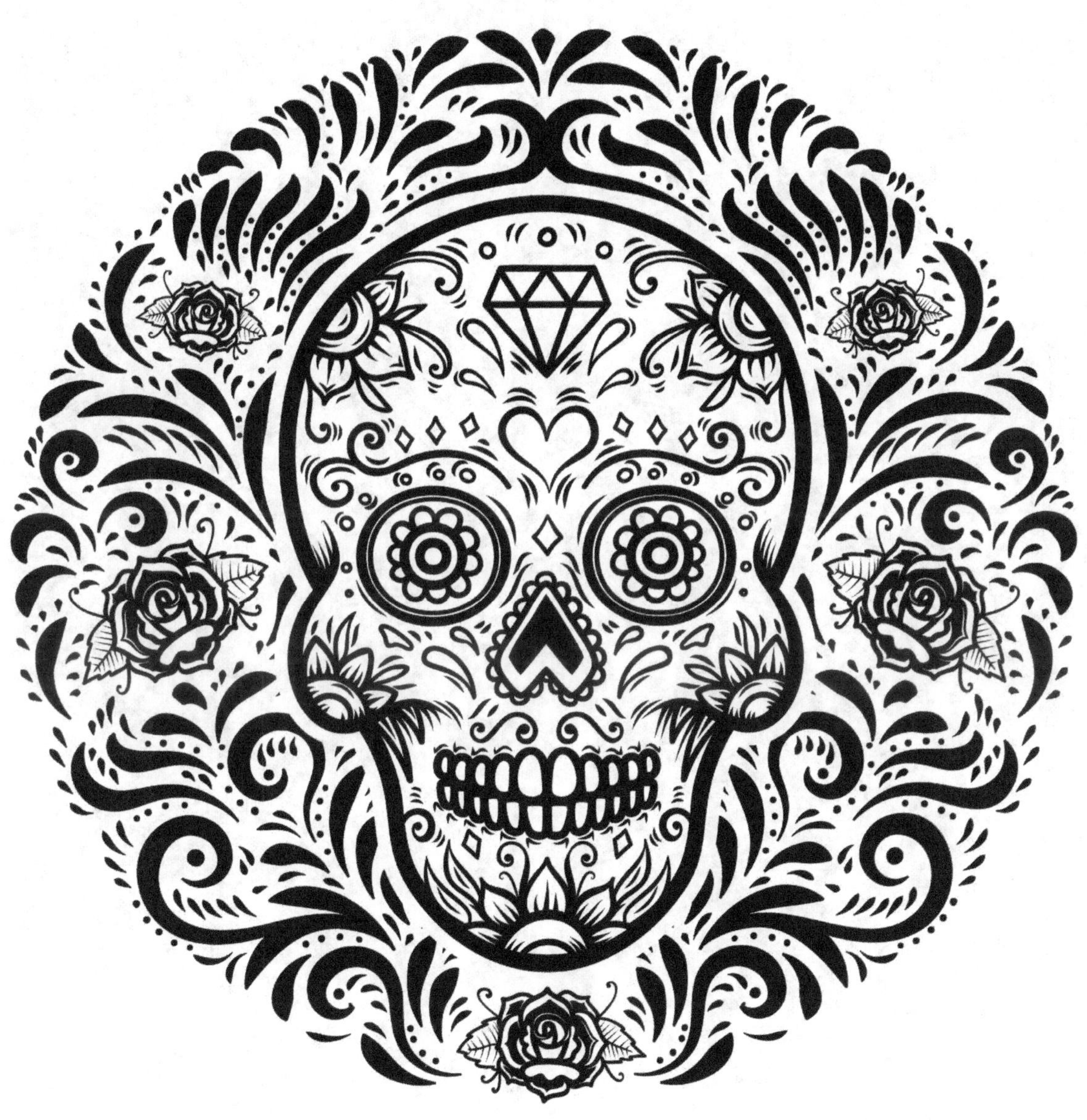

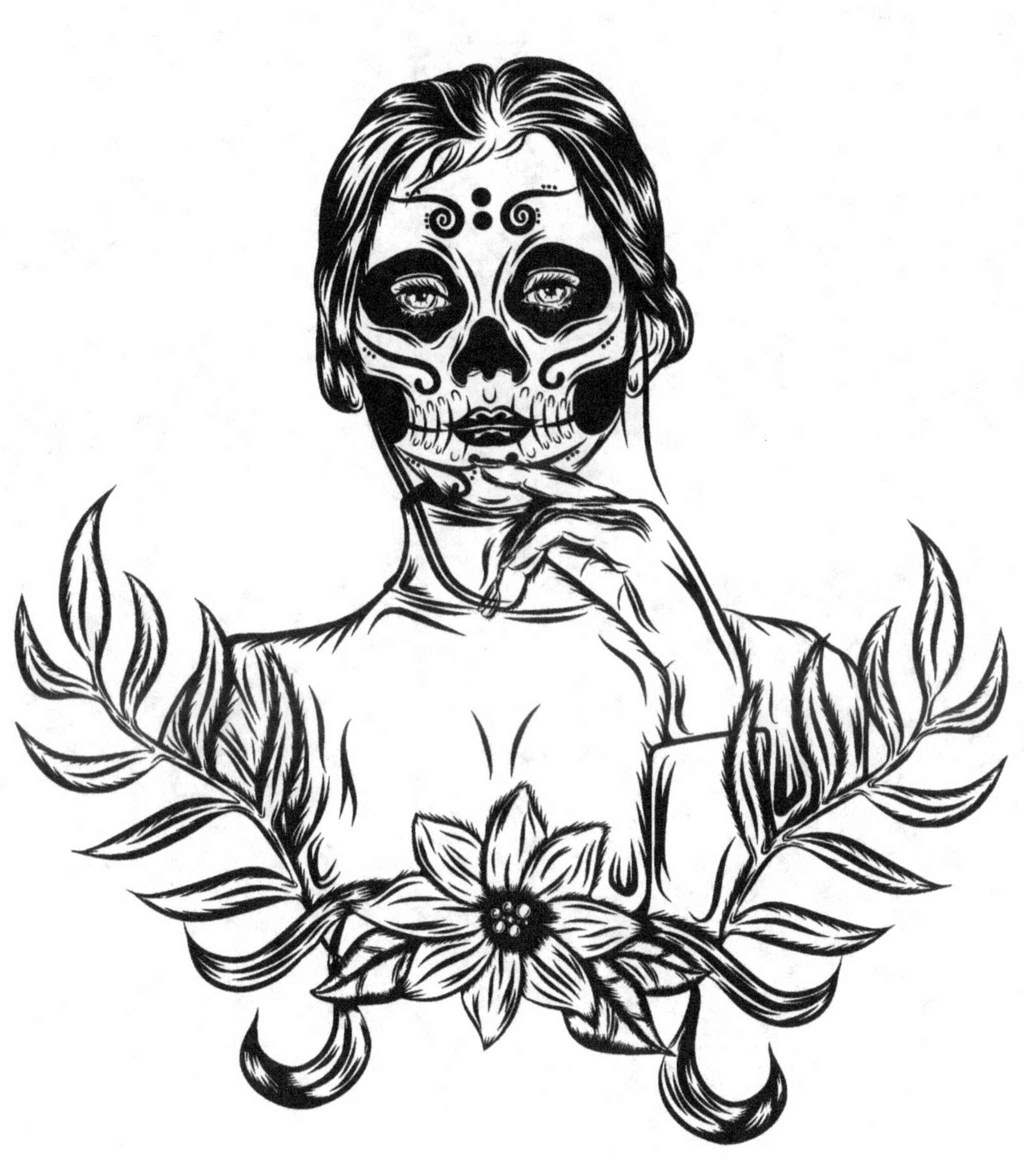

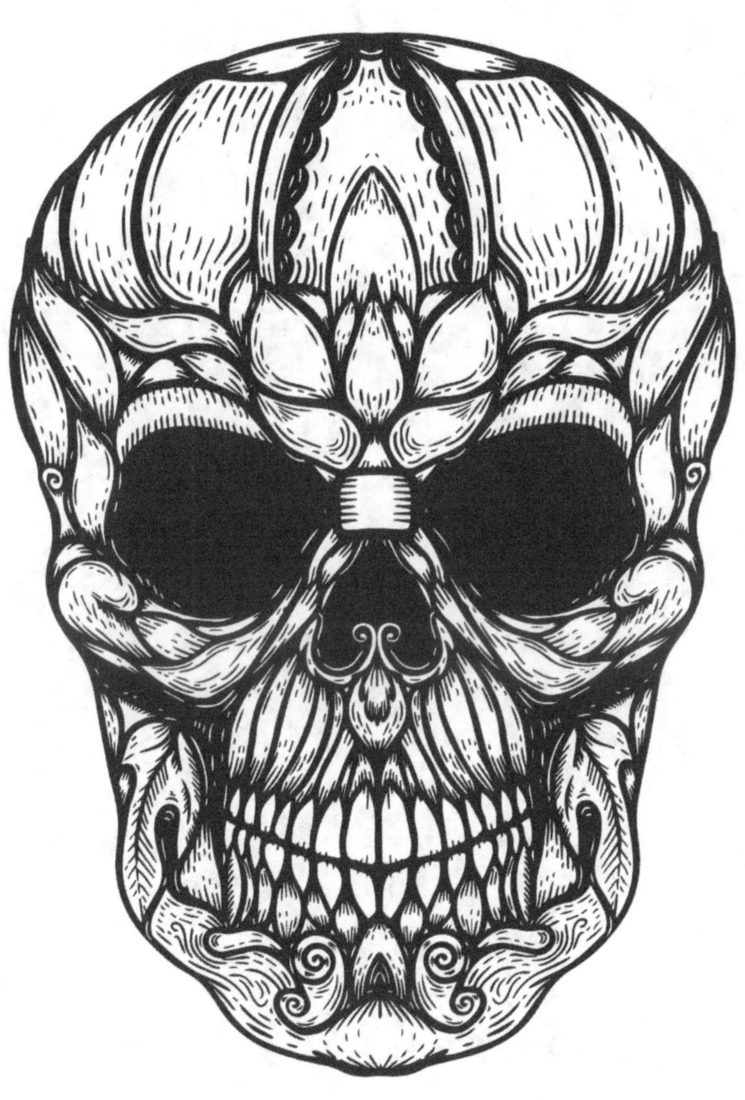

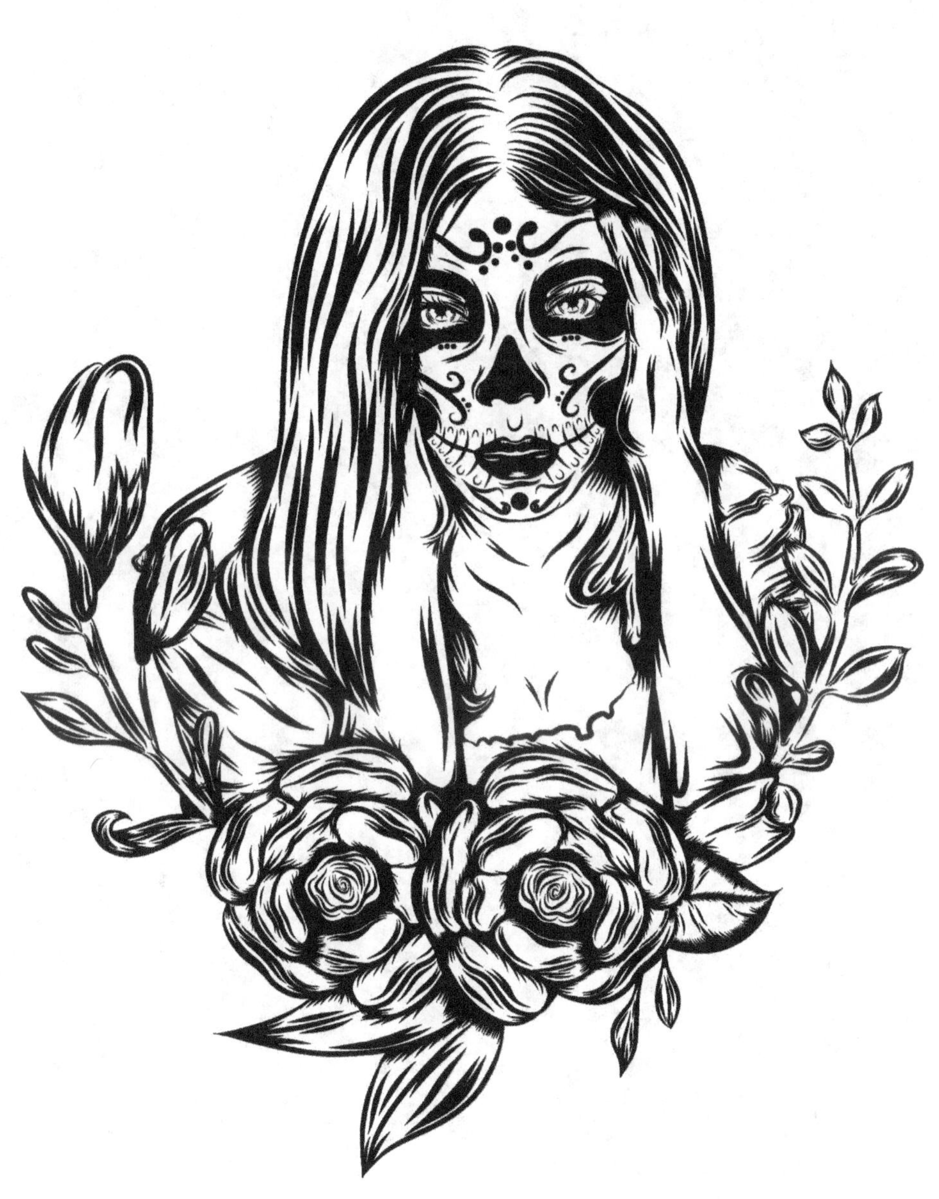

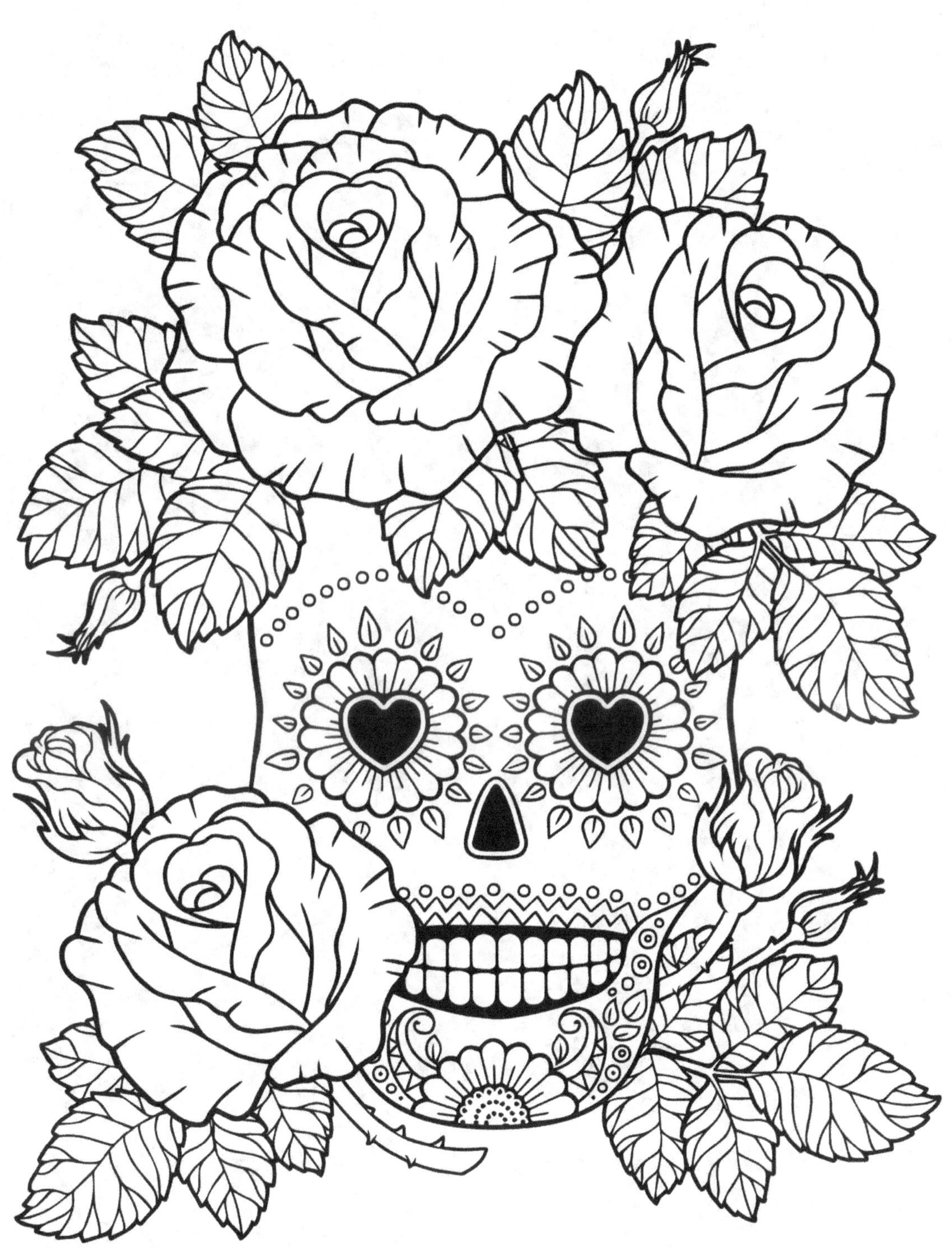

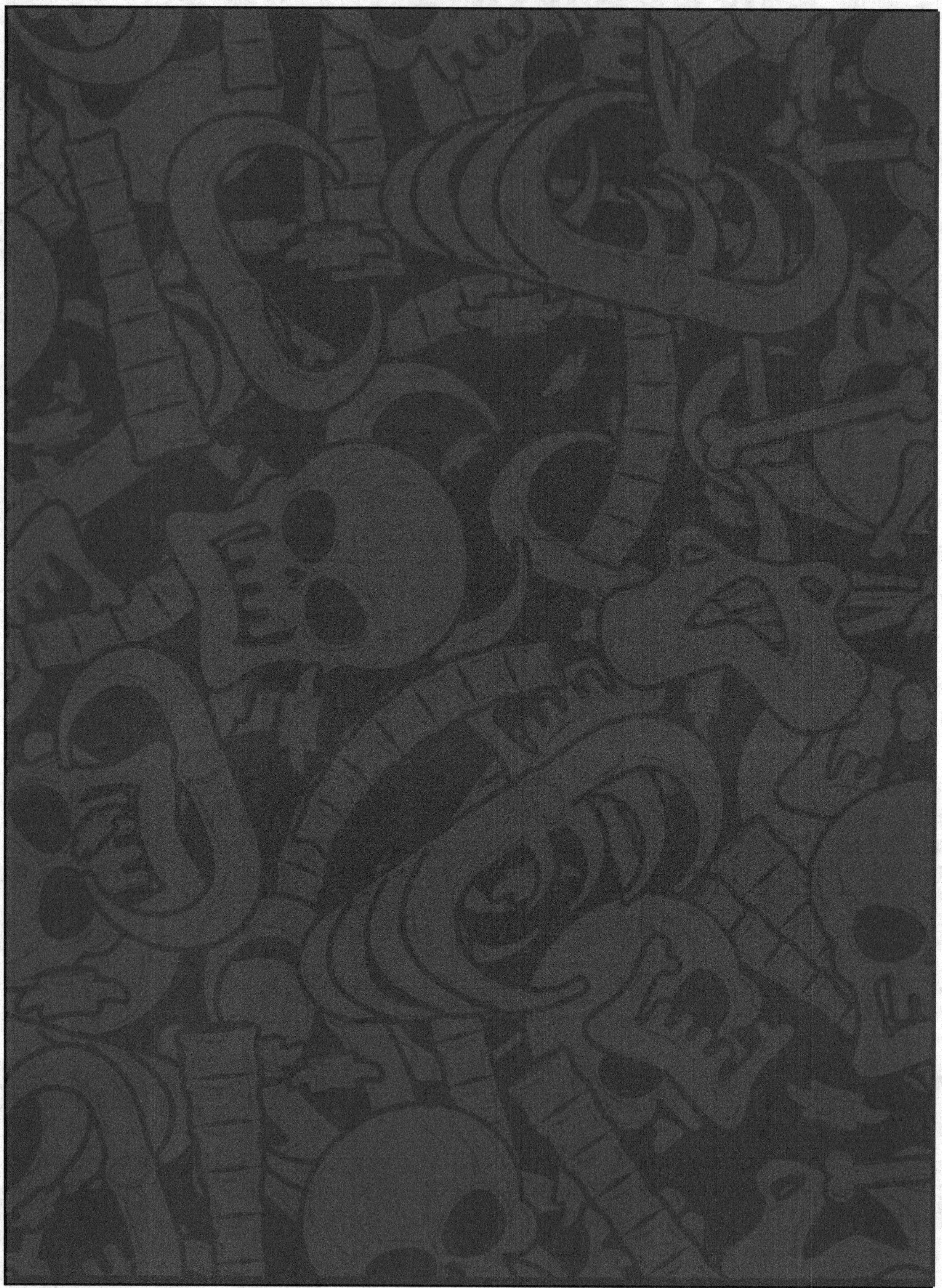

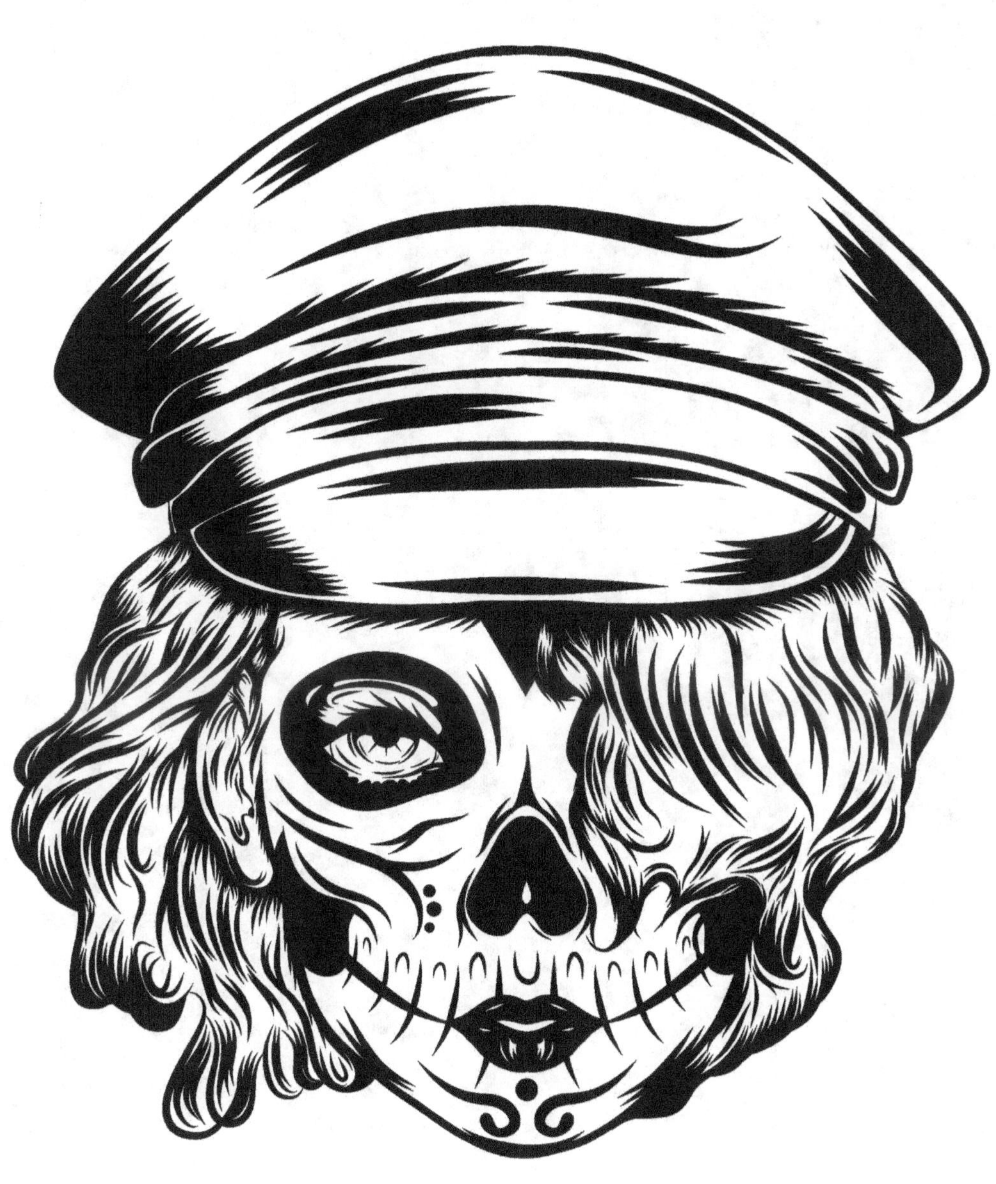

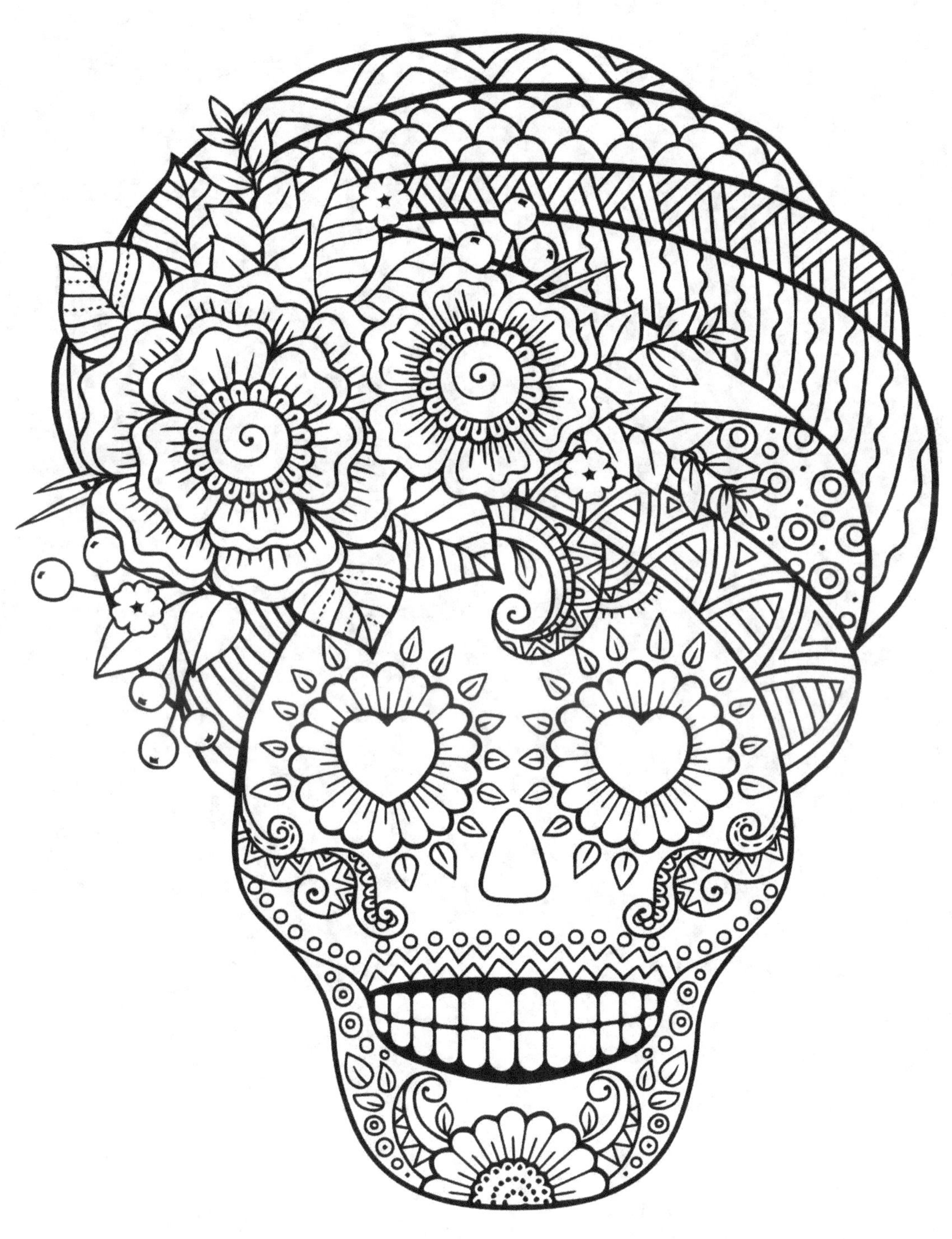

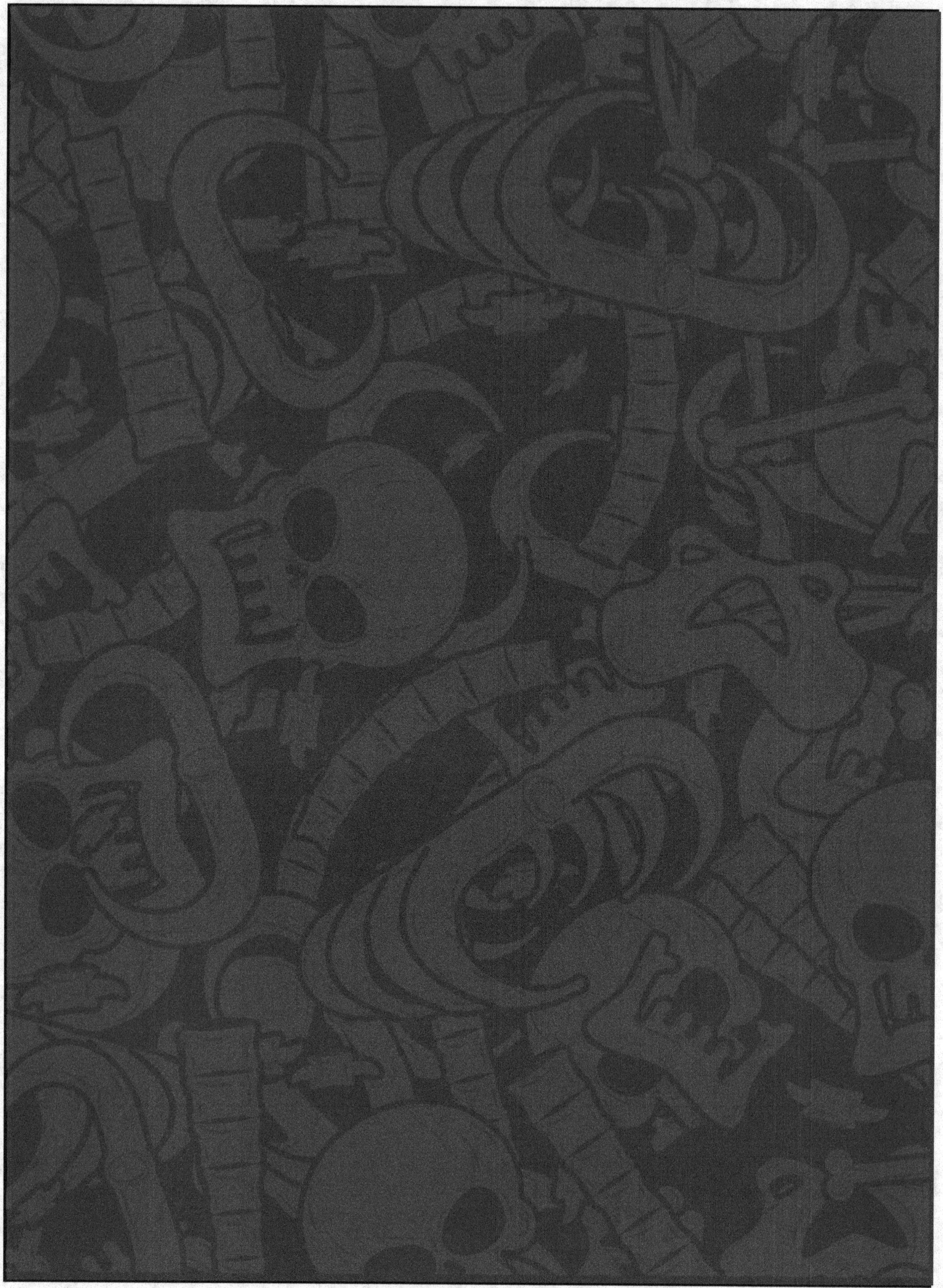

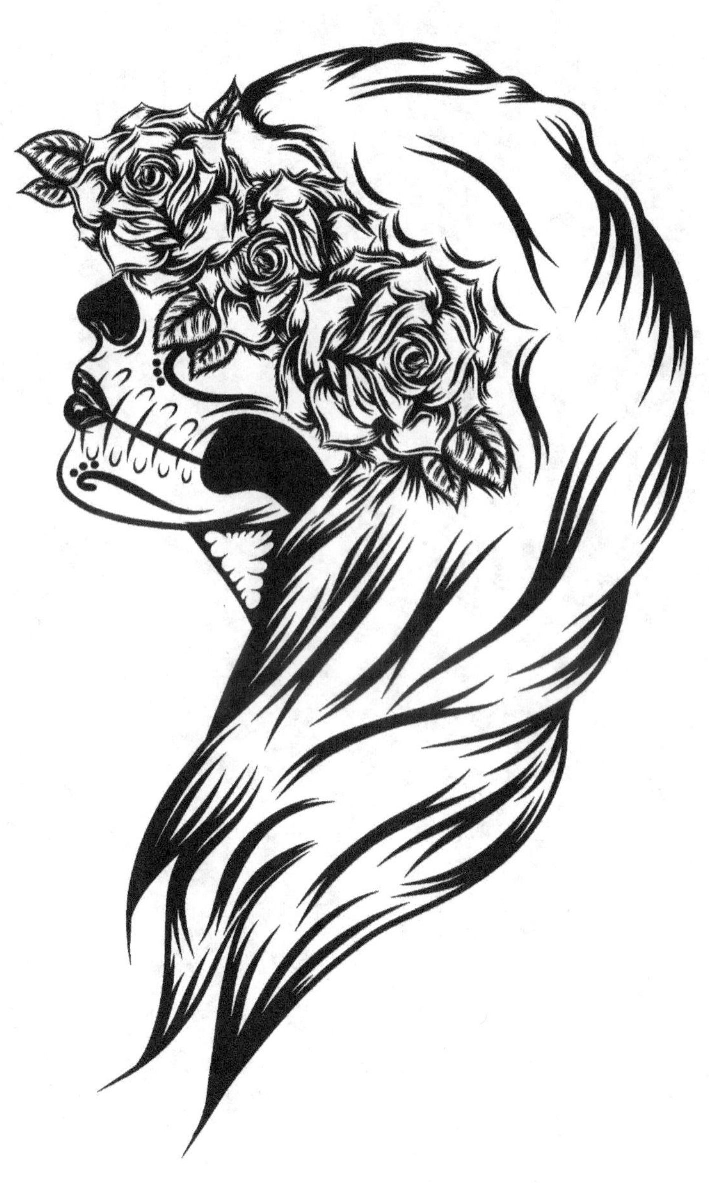

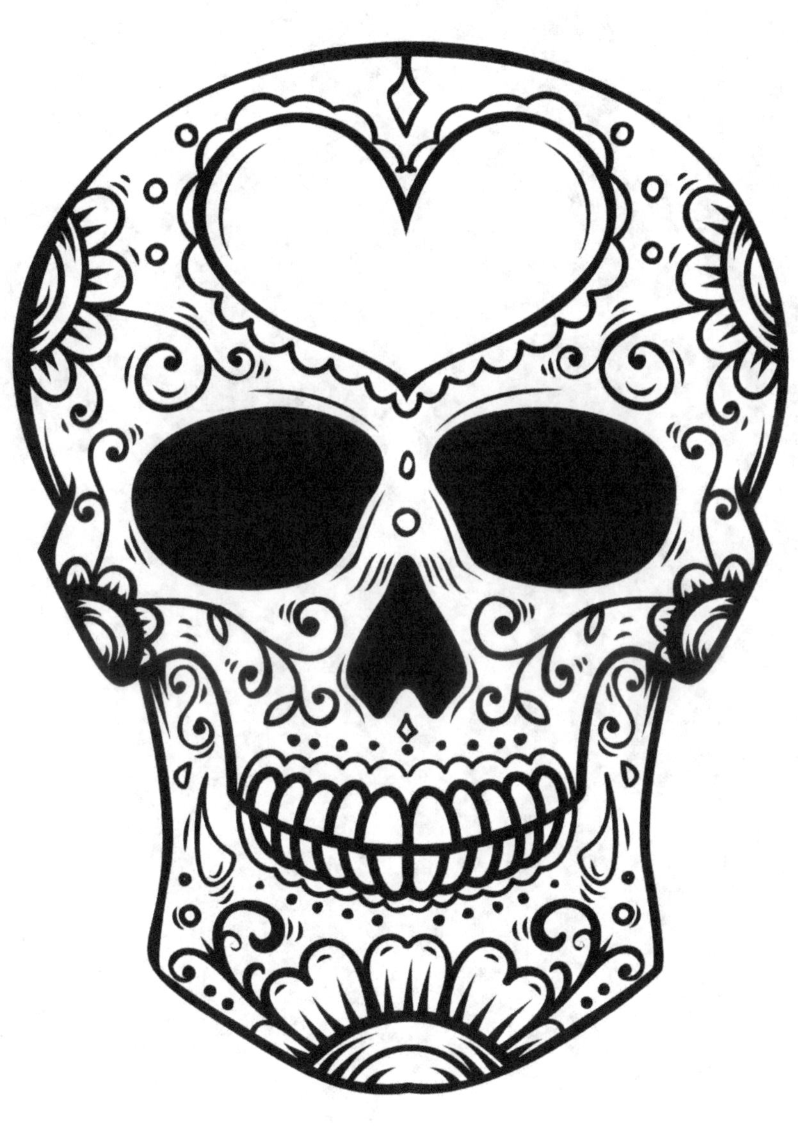

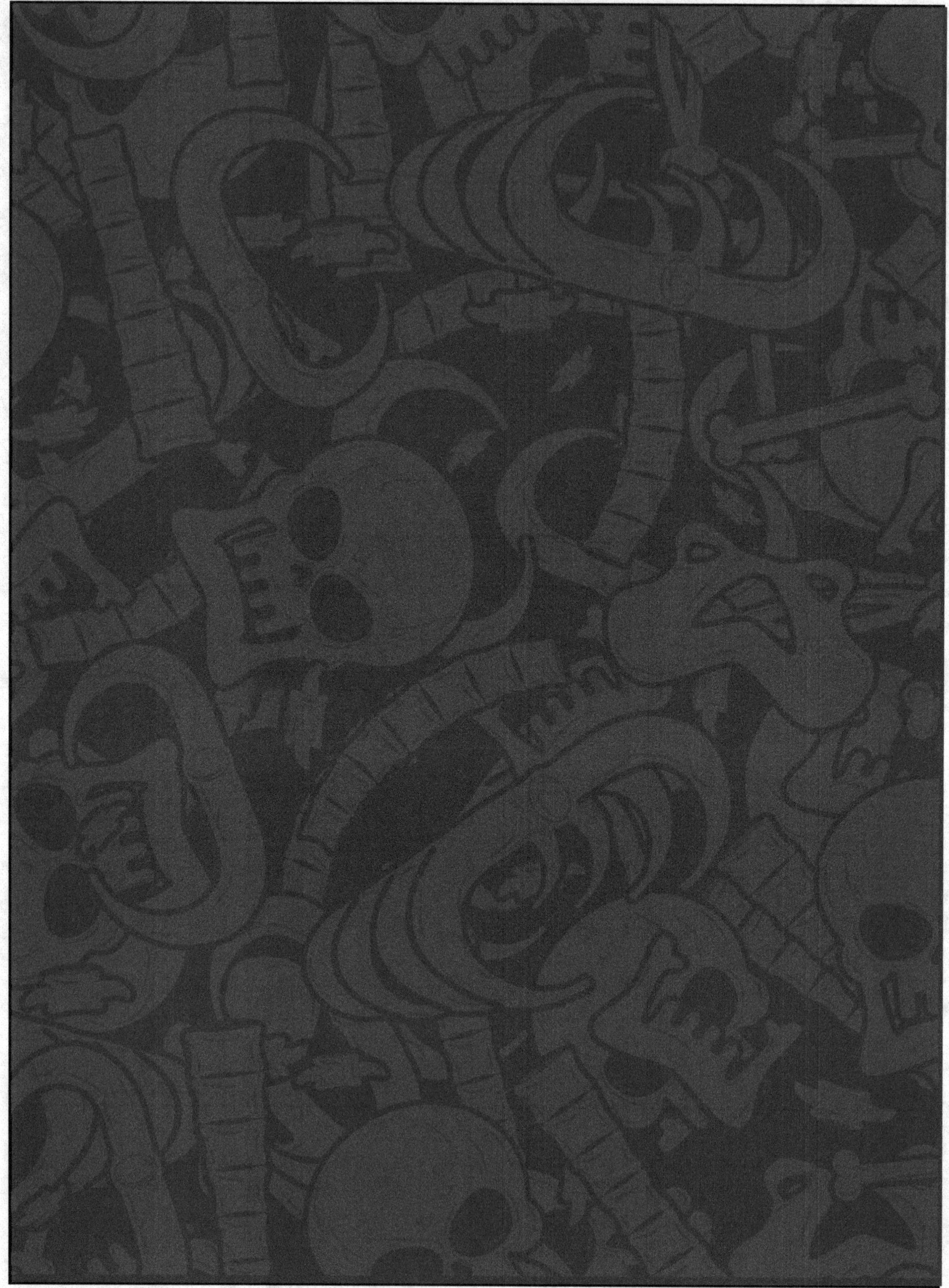

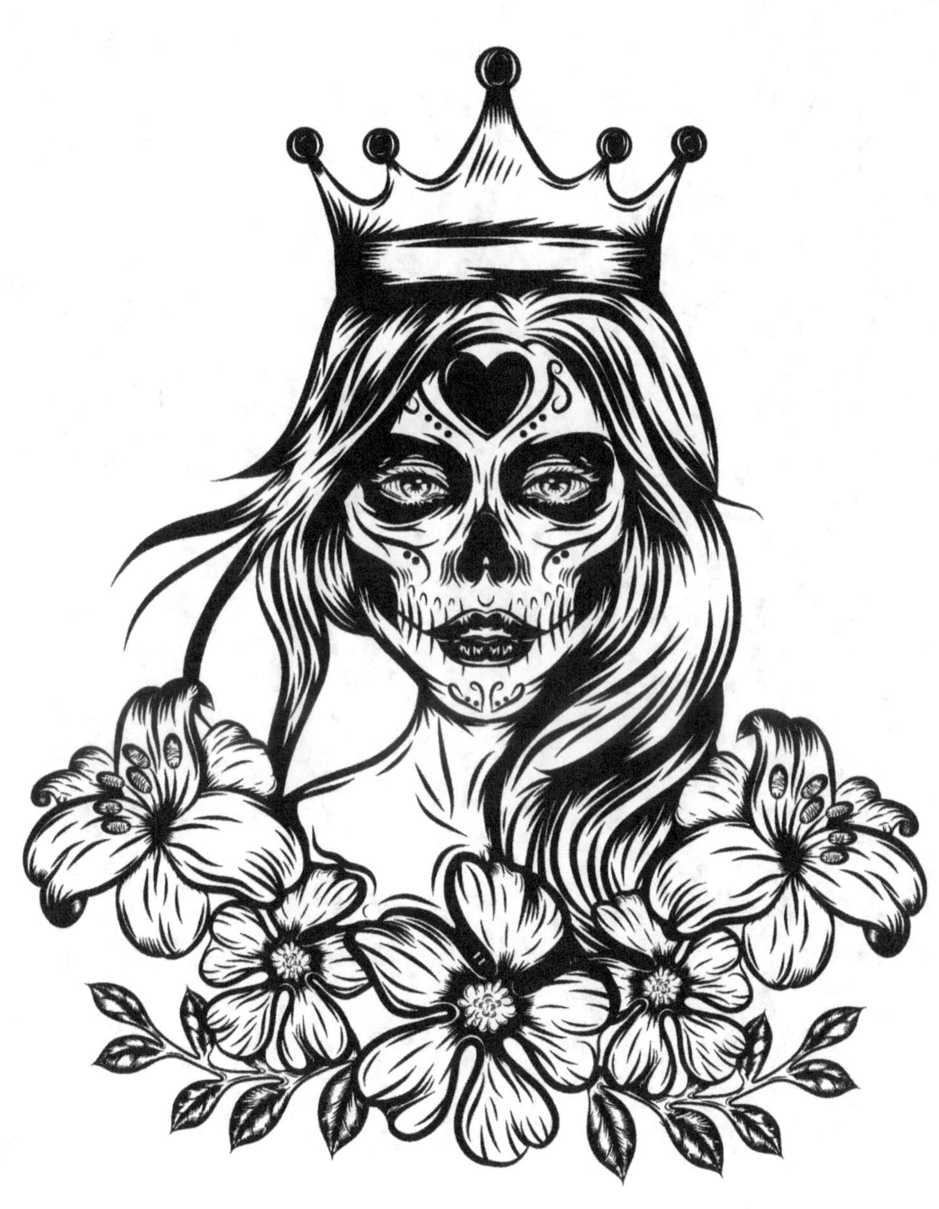

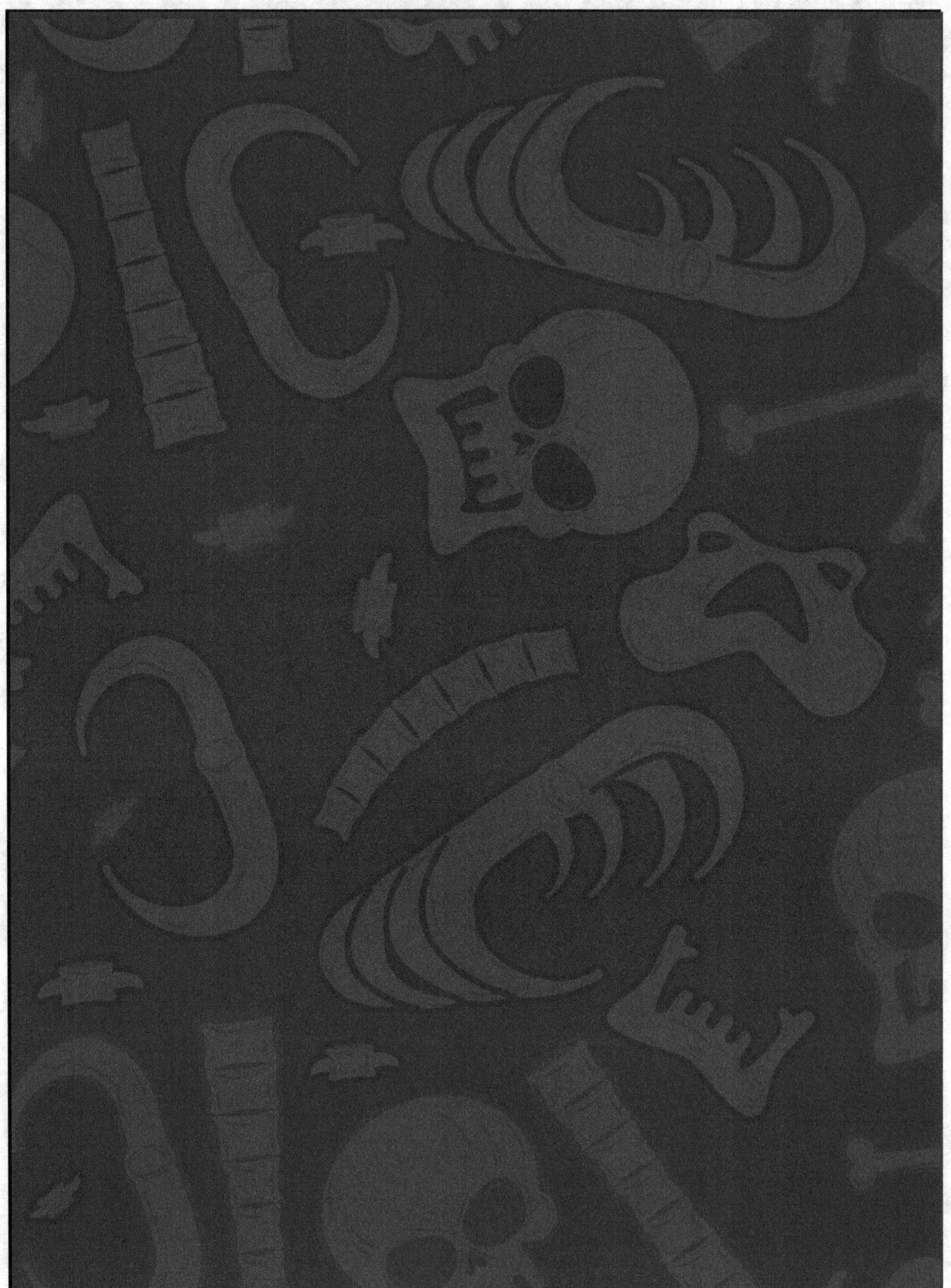

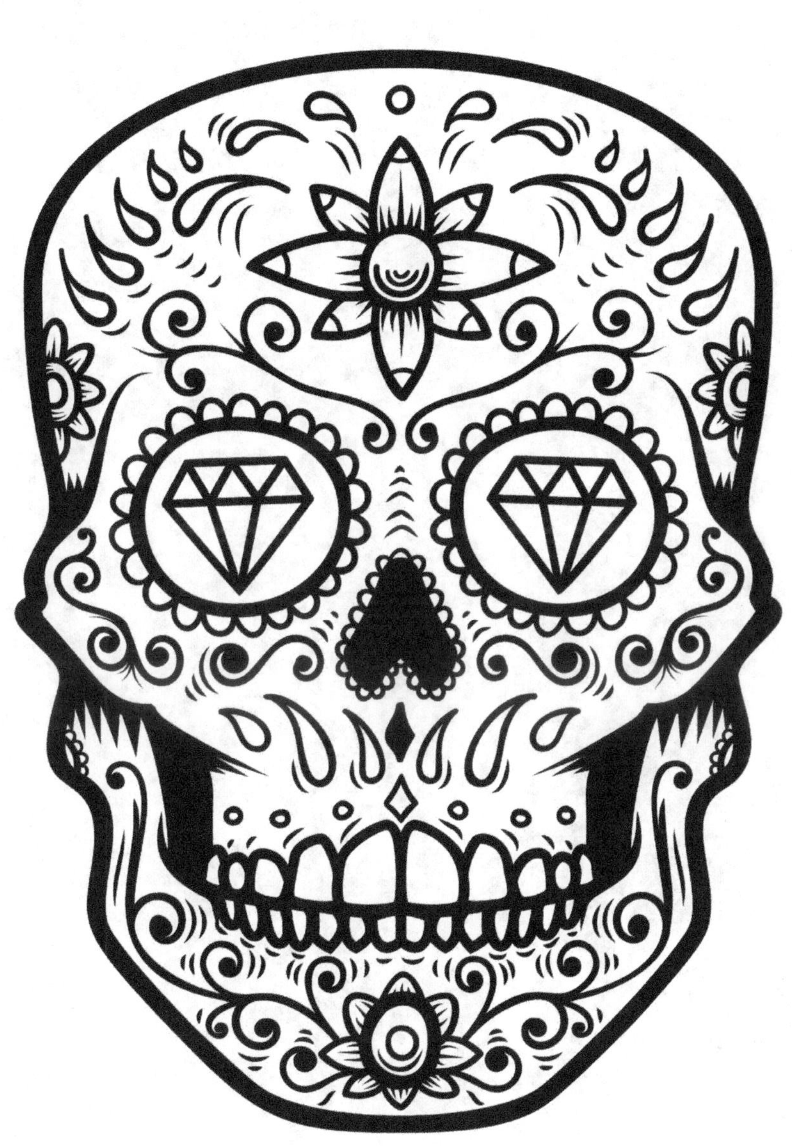

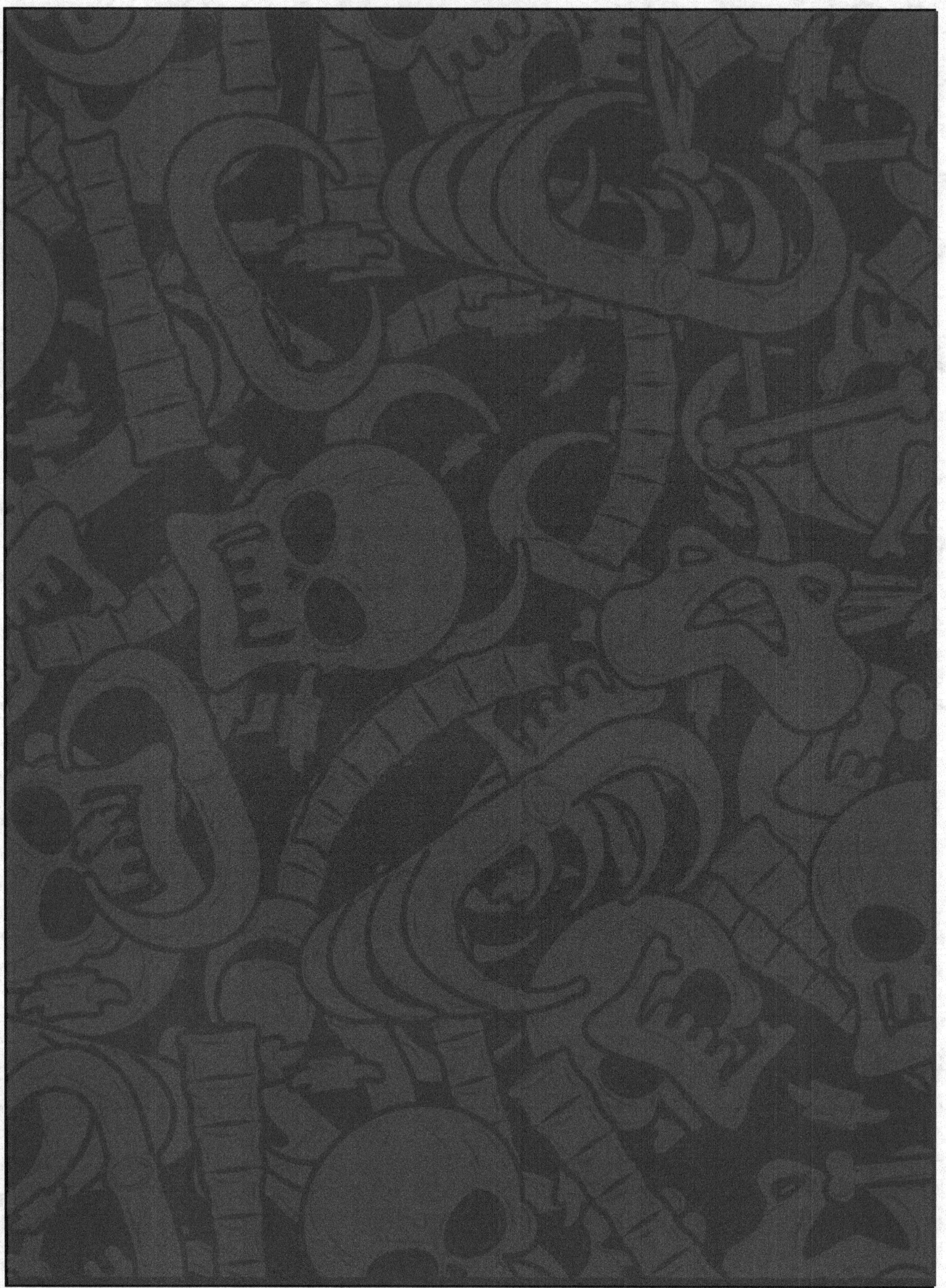

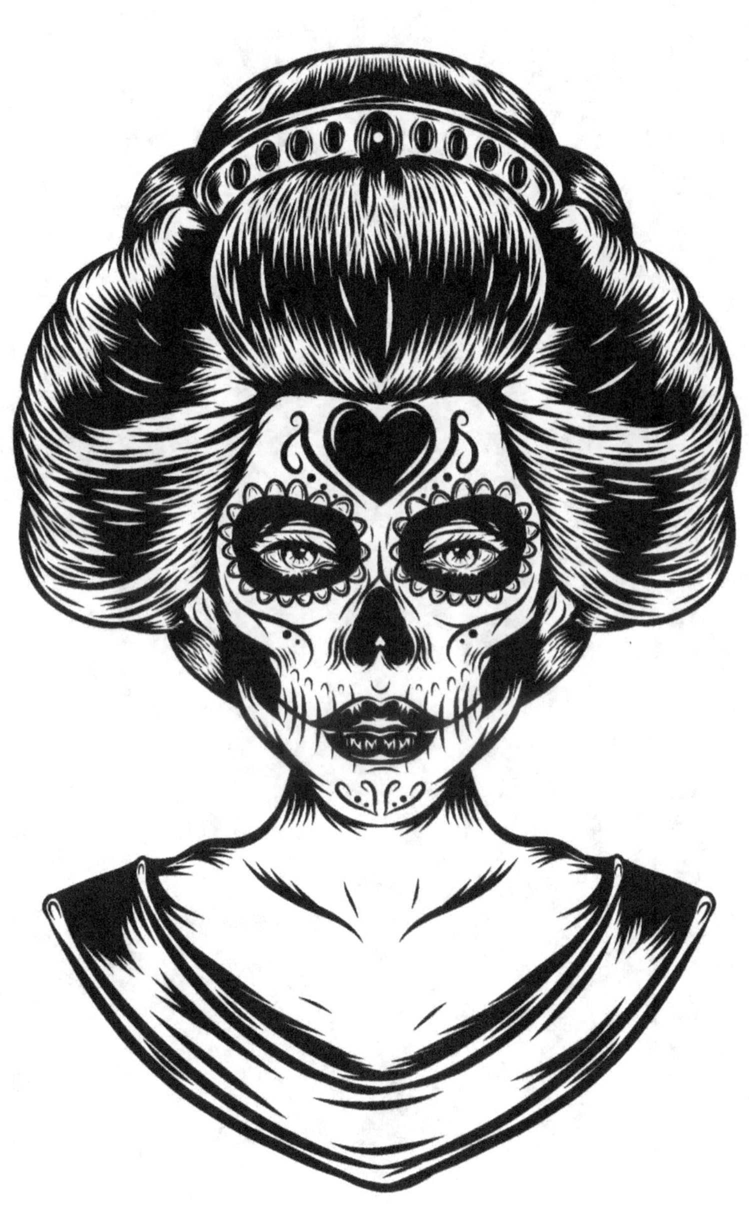

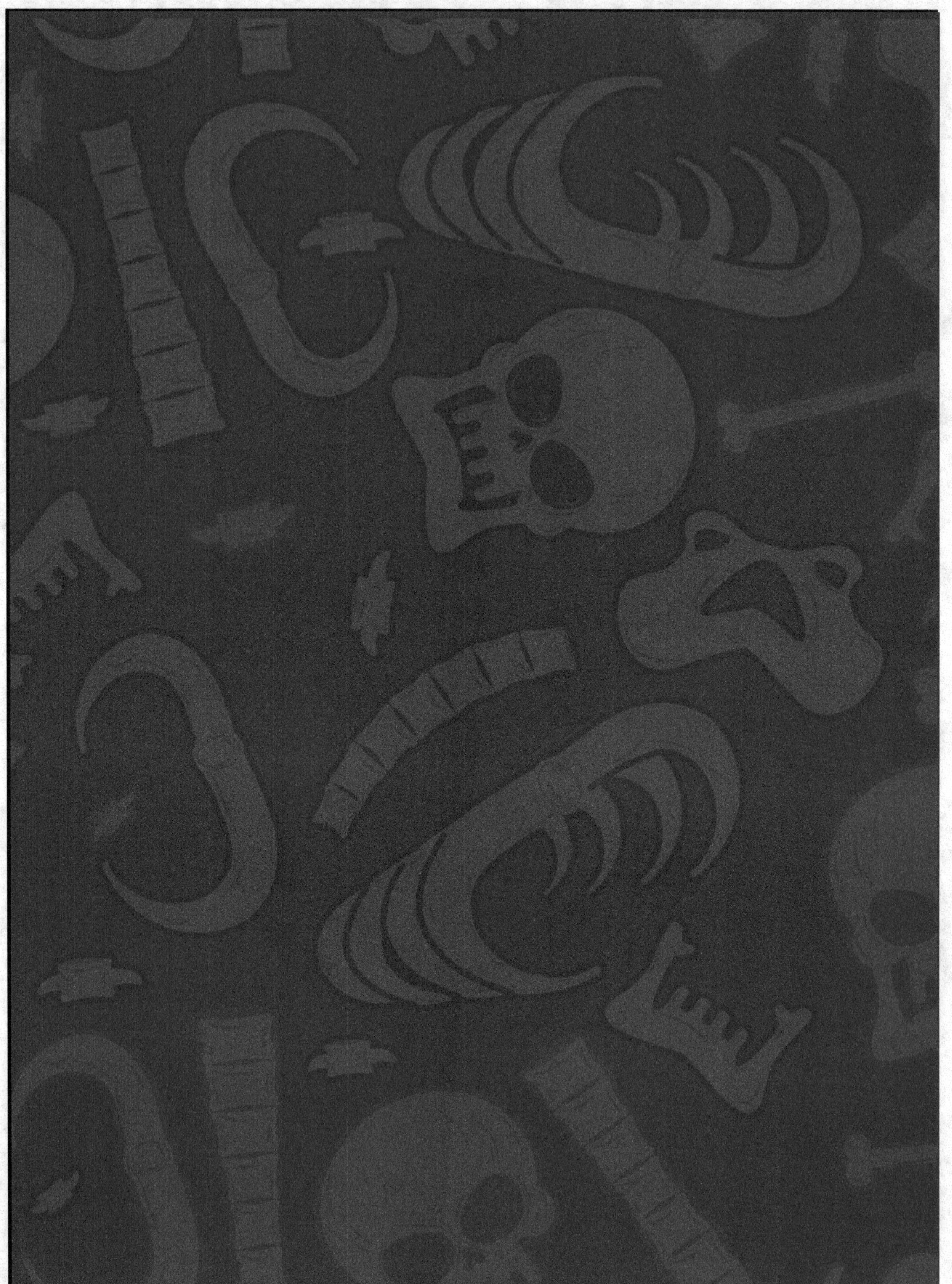

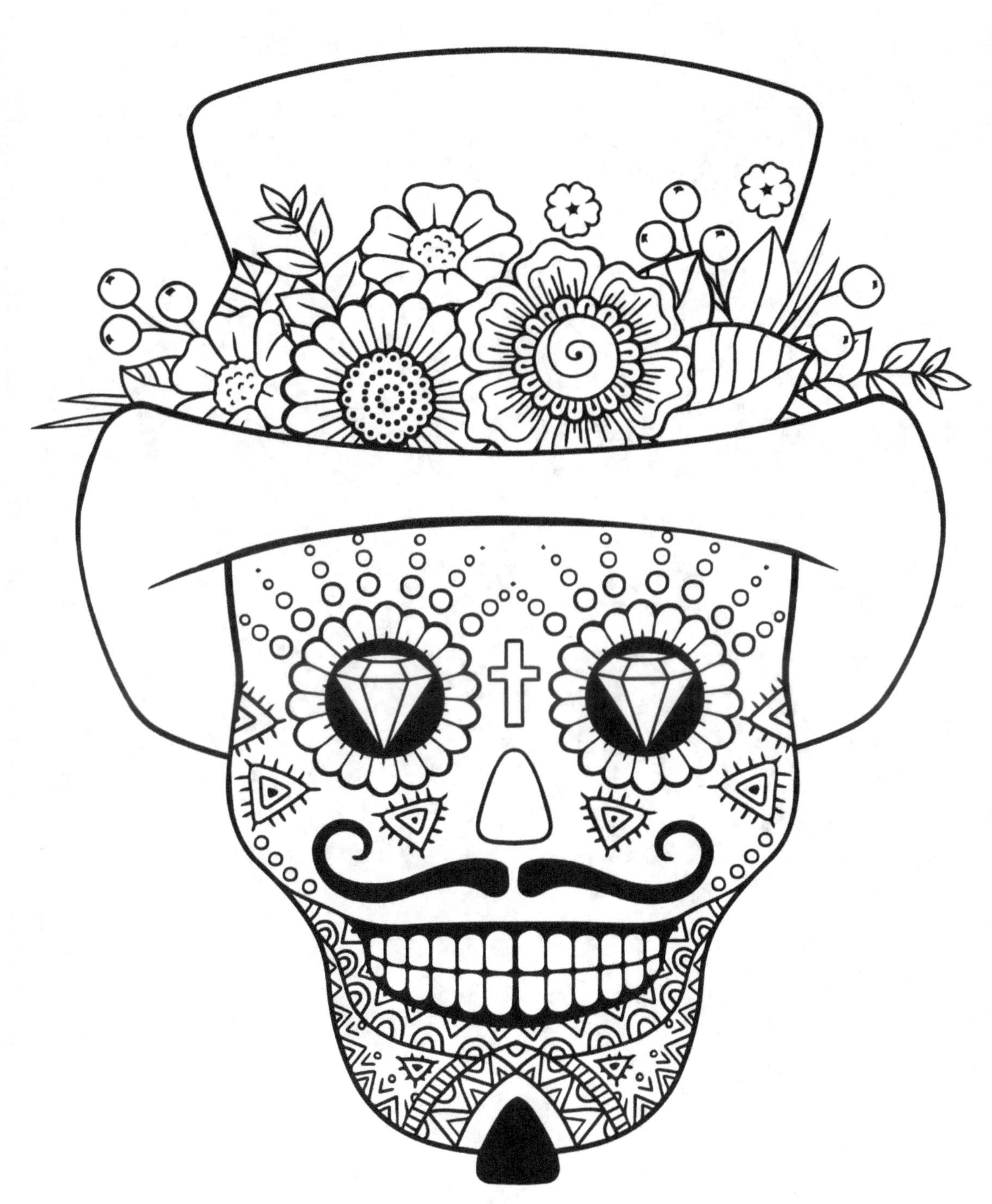

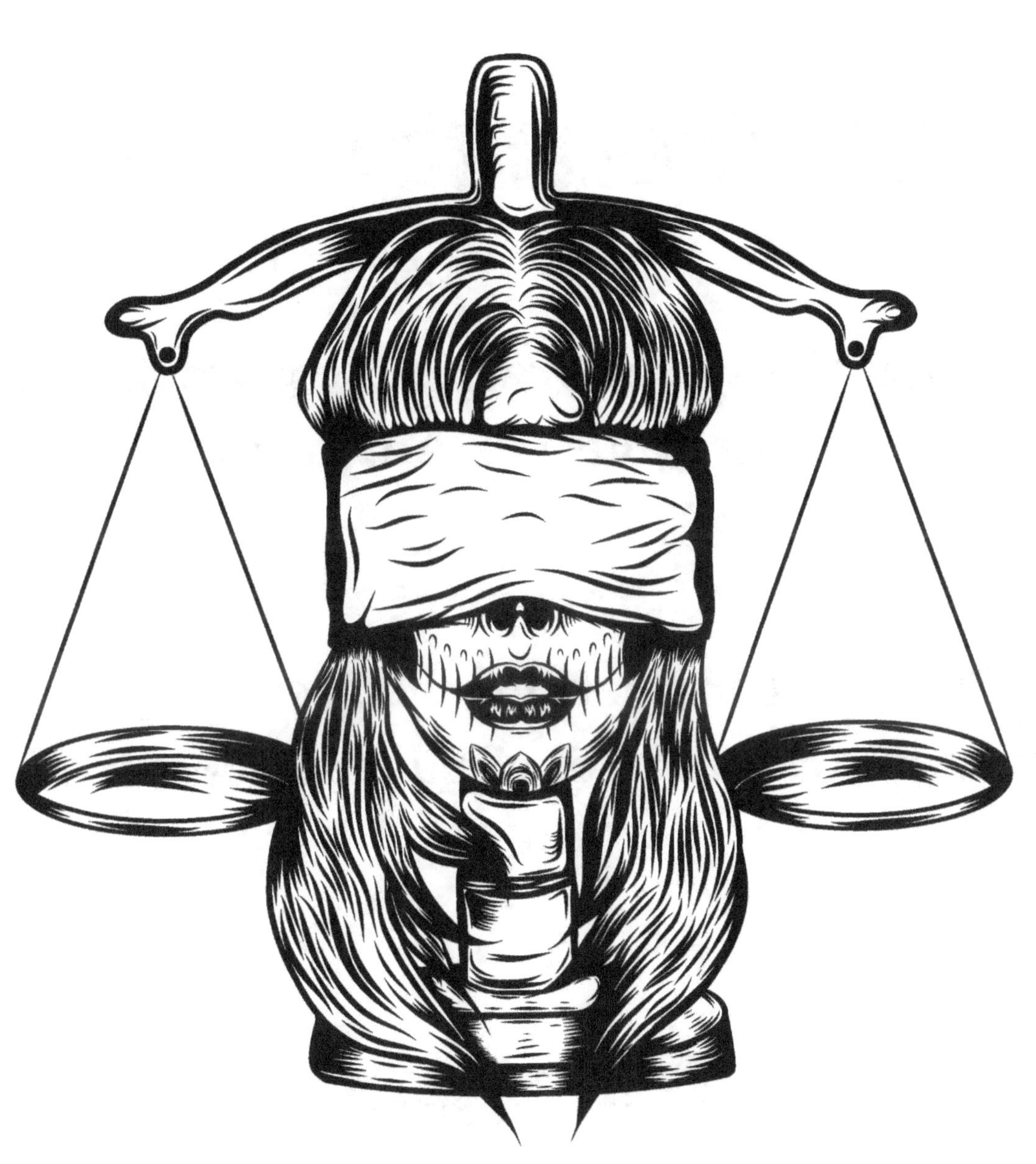

Merci d'avoir acheté notre livre !

Si vous aimez ce livre, nous apprécierons votre avis sur Amazon.

Pour ce faire, rendez~vous sur la page Amazon de ce livre et cliquez sur "Ecrire mon avis"

Merci beaucoup !